인강
할인
이벤트

맛있는 스쿨 ▶ 모의고사 강좌 할인 쿠폰

할인 코드 jlpt_50coupon

JLPT 모의고사 강좌 할인 쿠폰
50% 할인

할인 쿠폰 사용 안내
1. 맛있는스쿨(cyberjrc.com)에 접속하여 [회원가입] 후 로그인을 합니다.
2. 메뉴中[쿠폰] → 하단[쿠폰 등록하기]에 쿠폰번호 입력→[등록]을 클릭하면 쿠폰이 등록됩니다.
3. [모의고사] 수강 신청 후, [온라인 쿠폰 적용하기]를 클릭하여 등록된 쿠폰을 사용하세요.
4. 결제 후, [나의 강의실]에서 수강합니다.

쿠폰 사용 시 유의 사항
1. 본 쿠폰은 맛있는스쿨 JLPT 모의고사 강좌 결제 시에만 사용이 가능합니다.
2. 본 쿠폰은 타 쿠폰과 중복 할인이 되지 않습니다.
3. 교재 환불 시 쿠폰 사용이 불가합니다.
4. 쿠폰 발급 후 60일 내로 사용이 가능합니다.
5. 본 쿠폰의 할인 코드는 1회만 사용이 가능합니다.
*쿠폰 사용 문의 : 카카오톡 채널 @맛있는스쿨

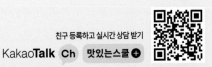

이번에 제대로 합격!

JLPT N1
실전모의고사

나카가와 쇼타 저

맛있는 books

이번에 제대로 합격!

JLPT N1 실전모의고사

초판 1쇄 인쇄	2025년 2월 3일
초판 1쇄 발행	2025년 2월 15일

저자	나카가와 쇼타
발행인	김효정
발행처	맛있는books
등록번호	제2006-000273호

주소	서울시 서초구 명달로 54 JRC빌딩 7층
전화	구입문의 02·567·3861
	내용문의 02·567·3860
팩스	02·567·2471
홈페이지	www.booksJRC.com

ISBN	979-11-6148-094-7 14730
	979-11-6148-090-9 (세트)
정가	15,000원

머리말

JLPT N1을 준비하시는 학습자 여러분, 반갑습니다. N1은 일본어 능력 평가의 최상위 관문으로서, 전문적인 업무 환경이나 고급 학술 연구까지 아우르는 폭넓은 일본어 활용 능력을 요구합니다. 일상 회화에서 나오는 주제를 넘어 사회, 경제, 교육 등 다양한 주제의 문장과 복잡한 문맥을 잘 이해하고, 문제를 풀어나갈 수 있는 역량이 요구되는 단계라고 할 수 있습니다. N1을 준비하면서 키운 일본어 실력은 나중에 비즈니스에서 일본 기업과 협업하거나, 일본어로 강의를 듣거나, 뉴스 프로그램을 시청하거나 할 때에도 꼭 도움이 될 것입니다.

문제 출제 유형은 N2와 크게 달라지는 점은 없지만 출제되는 단어와 표현, 문법에는 확연한 차이가 존재합니다. 본 교재는 JLPT N1에 '도전'하시는 분들을 위해서 기출문제의 언어지식, 독해, 청해 각 파트에 자주 등장하는 빈출 어휘, 표현, 문법은 물론, 이런 내용까지 알았으면 좋겠다고 생각되는 부분까지 최대한 많이 다루고자 노력했습니다. 어떻게 보면 실제 기출문제보다도 난이도가 높은 '매운맛'인 문제도 실었습니다. 그러나 연습 단계에서부터 매운맛에 적응하다 보면, 시험 당일에 매운맛의 문제가 나와도 당황하지 않고 맛있게 먹고 합격 점수에 도달할 수 있으리라 믿습니다. 또한 본 교재에서는 단순히 문제를 풀고 끝내는 것이 아니라, 문제마다 한국어 해석과 핵심 단어 정리를 제공해 드리고 있습니다. 문제풀이 과정에서 제대로 해석이 되었는지 스스로 검증하고, 학습자 본인의 오답 패턴을 분석함으로써 약점을 효과적으로 보완할 수 있을 것입니다.

아울러 교재 앞부분에는 N1 대비에 유용한 문제 유형 해설과 전략을 수록하였습니다. 문제 유형마다 효과적인 전략이 조금씩 다르니 문제풀이를 하기 전에 참고하셨으면 좋겠습니다. 이를 통해 학습자 여러분은 자신만의 N1 풀이 전략을 다듬고, 효율적인 루틴을 확립해 나갈 수 있을 것입니다.

본 교재는 한국에서 일본어를 공부하고 그 끝에 있는 꿈을 이루기 위해 매일 노력을 거듭하는 여러분의 페이스메이커로서 활용해 주었으면 합니다. 높은 목표에 '도전'하는 것은 언제나 결코 쉬운 일은 아니지만, 목표를 향해 달리는 여러분을 응원합니다. 아무쪼록 본 교재가 여러분들의 JLPT N1 합격에 조금이나마 도움이 되기를 진심으로 기원합니다.

마지막으로 본 교재 제작에 있어서 좋은 기회를 주신 맛있는북스 김효정 대표님을 비롯해, 애써 주신 편집부 여러분들, 강의 제작에 있어서 아낌없이 지원해주신 인강팀 여러분들, 그리고 제 수업을 들어주는 학생들, 늘 응원해주는 사랑하는 가족에게 진심으로 감사의 말씀을 전합니다.

저자 나카가와 쇼타 드림

목차

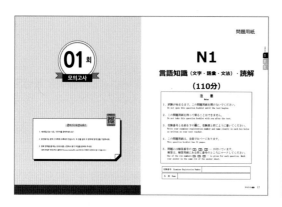

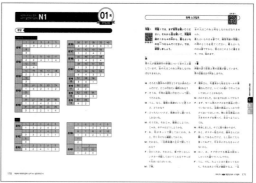

실전모의고사 3회분

실제 JLPT 문제와 동일하게 구성한 최신 모의고사 3회분을 수록했습니다. 최신 경향을 반영한 교재로 문제 유형, 시간 분배, 공략 스킬 등 JLPT 합격을 위한 충분한 연습을 해 보세요.

정답 및 청해 스크립트

정해진 시간 안에 실제 시험처럼 문제를 풀고 정답을 맞춰 보세요. 청해 영역을 복습할 때는 스크립트를 보며 잘 들리지 않았던 부분을 확인해 보세요.

필수 단어/문형 (별지)

JLPT N1 합격을 위한 핵심 단어와 문형만 꾹꾹 눌러 담았어요.

해석 PDF (무료)

모든 문제에 대한 해석은 물론, 꼭 알아야 할 단어도 수록했어요.

동영상 강의 (유료)

JLPT 전문 강사의 동영상 강의로 부족한 부분을 채울 수 있어요.

 **이 책의 활용법**

1. 필기도구(HB연필 또는 샤프, 지우개)와 219쪽의 답안용지를 준비해 주세요.
2. 시험지를 펴고, 타이머를 맞춰 주세요.
3. 청해를 풀 때는 교재에 수록된 QR코드를 스캔하여 음성을 준비해 주세요.
   (맛있는북스 홈페이지에서 MP3 파일을 다운로드 받으면 청해 문제별 음성도 들을 수 있어요.)

JLPT 소개

1. JLPT란?

일본어능력시험은 일본어를 모국어로 하지 않는 사람들의 일본어 능력을 측정하고 인정하는 시험으로, 일본어 학습자의 다양한 수요를 충족하기 위해 커뮤니케이션 능력을 확인하는데 초점이 맞추어져 있습니다.

2. JLPT 레벨

시험은 N1, N2, N3, N4, N5로 나누어져 있으며 수험자가 자신에게 맞는 레벨을 선택하여 응시합니다. 가장 쉬운 레벨은 N5이며 가장 어려운 레벨은 N1입니다.

레벨	과목	인정 기준
N1	언어지식/독해	폭넓은 상황에서 사용되는 일본어를 이해할 수 있다.
	청해	폭넓은 상황에 있어 자연스러운 속도의 회화나 뉴스, 강의를 듣고 이해할 수 있다.
N2	언어지식/독해	일상적인 상황에서 사용되는 일본어의 이해와 더불어, 보다 폭넓은 상황에서 사용되는 일본어를 어느 정도 이해할 수 있다.
	청해	일상적인 상황과 더불어, 다양한 상황에서 자연스러운 속도의 회화나 뉴스를 듣고 이해할 수 있다.
N3	언어지식/독해	일상적인 상황에서 사용되는 일본어를 어느 정도 이해할 수 있다.
	청해	일상적인 상황에서 자연스러움에 가까운 속도의 회화를 듣고 이해할 수 있다.
N4	언어지식/독해	기본적인 일본어를 이해할 수 있다.
	청해	일상적인 상황에서 다소 느리게 말하는 회화라면 내용을 거의 이해할 수 있다.
N5	언어지식/독해	기본적인 일본어를 어느 정도 이해할 수 있다.
	청해	교실이나 주변 등 일상생활 속에서 자주 접하는 상황에서 천천히 말하는 짧은 회화라면 이해할 수 있다.

3. 원서 접수 및 성적 통지

시험은 매년 7월/12월 첫 번째 일요일에 실시됩니다.

시험 차수	원서 접수	수험표 출력	성적 발표	성적증명서 발송
1차(7월)	4월 1일~	6월 초	8월 말	9월 말-10월 초
2차(12월)	9월 1일~	11월 초	1월 말	2월 말-3월 초

합격자의 경우 日本語能力認定書(합격인정서)와 日本語能力試験認定結果及び成績に関する証明書(성적증명서)가 함께 발송되며, 불합격자의 경우 日本語能力試験認定結果及び成績に関する証明書(성적증명서)만 발송됩니다.

4. 시험 준비물

– 신분증(주민등록증, 운전면허증, 기간 만료 전의 여권, 공무원증, 장애인 복지카드, 정부24 또는 PASS 주민등록증 모바일 확인 서비스, 모바일 운전면허증(경찰청 발행), 모바일 공무원증, 청소년증, 학생증, 건강보험증, 공익근무요원증, 외국인등록증, 국내거소신고증, 영주증)
– 필기도구(HB연필 또는 샤프, 지우개) *사인펜, 볼펜 등 불가

JLPT N1 소개

1. JLPT N1 시험 구성

입실시간	1교시		휴식	2교시
13:10	언어지식(문자·어휘·문법)·독해 13:30 ~ 15:20		15:20 ~ 15:40	청해 15:40 ~ 16:40

과목	문제 유형		문항 수
언어지식·독해	문자·어휘	한자읽기	6문항
		문맥구성	7문항
		유의표현	6문항
		용법	6문항
	문법	문장의 문법 1 (문법형식 판단)	10문항
		문장의 문법 2 (문장만들기)	5문항
		글의 문법	4문항
	독해	내용이해(단문)	4문항
		내용이해(중문)	8문항
		내용이해(장문)	3문항
		통합이해	2문항
		주장이해(장문)	3문항
		정보검색	2문항
청해		과제이해	5문항
		포인트이해	6문항
		개요이해	5문항
		즉시응답	11문항
		통합이해	3문항

※ 문항 수는 시험마다 다소 차이가 있을 수 있습니다.

2. JLPT N1 합격 기준

종합 득점		득점 구분별 득점					
		언어지식 (문자·어휘·문법)		독해		청해	
득점 범위	합격점	득점 범위	기준점	득점 범위	기준점	득점 범위	기준점
0~180점	100점	0~60점	19점	0~60점	19점	0~60점	19점

※ 모든 시험 과목을 수험하고,

① 종합 득점이 합격점 이상이면서, ② 모든 득점 구분별 득점이 구분마다 설정된 기준점 이상인 경우, 즉 ①과 ②를 동시에 만족해야 합격입니다.

종합득점이 아무리 높아도 득점 구분별 득점에서 하나라도 기준점에 미달하는 경우에는 불합격입니다.

JLPT N1 유형 소개 및 전략

+ 문자어휘

문제1 한자읽기 (총 6문항)

_____의 말의 읽는 법으로 가장 적절한 것을, 1・2・3・4에서 하나 고르세요.

> **1** そのシンポジウムでは、多彩なイベントが用意されている。
>
>   1 たさい   2 ださい   3 たせい   4 だせい

전략 밑줄 친 한자어의 발음을 고르는 문제로, 밑줄 친 단어의 발음만 장음, 촉음, 요음에 주의해서 알맞은 것을 정답으로 고르세요. 대체로 문장을 읽지 않아도 밑줄 친 단어의 발음만 알면 풀 수 있는 경우가 많아요.

문제2 문맥구성 (총 7문항)

(   )에 들어가기에 가장 적절한 것을, 1・2・3・4에서 하나 고르세요.

> **7** 彼はその発言の真意を(   )されて、答えに窮していた。
>
>   1 追究   2 追及   3 言及   4 探求

전략 괄호에 들어갈 적절한 단어를 고르는 문제로, 특히 괄호 앞뒤의 단어를 잘 보고 문맥에 어울리는 의미의 단어를 정답으로 고르세요.

문제3 유의표현 (총 6문항)

_____의 말에 의미가 기장 가까운 것을, 1・2・3・4에서 하나 고르세요.

> **14** 両社は新しいプロジェクトで提携することを発表した。
>
>   1 考えを出す   2 お互い協力する   3 訴えかける   4 従事する

전략 밑줄 친 단어와 비슷한 의미의 표현을 고르는 문제로, 밑줄 친 단어의 의미에 주의해서 비슷한 것을 정답으로 고르세요. 대체로 문장을 읽지 않아도 밑줄 친 단어의 의미만 알면 풀 수 있는 경우가 많아요.

문제4 용법 (총 6문항)

다음 말의 용법으로써 가장 적절한 것을, 1・2・3・4에서 하나 고르세요.

> **20** 到来
>
>   1 新しい時代の到来を感じさせる技術が次々と生まれている。
>   2 空港に1時間も早く到来してしまった。
>   3 到来のことを心配していたって何も始まらない。
>   4 私たちは正午近くに山頂に到来した。

전략 제시된 단어가 문맥상 올바르게 사용된 문장을 고르는 문제로, 제시된 단어(밑줄) 앞뒤나 문장 전체의 문맥을 생각해서 가장 자연스럽게 해석되는 것을 정답으로 고르세요.

+ 문법

문제5 문법형식 판단 (총 10문항)

다음 문장의 (   )에 넣기 가장 적절한 것을, 1・2・3・4에서 하나 고르세요.

> **26** 彼は部屋に入る (   )、ベッドに倒れ込んで寝てしまった。
>
> 1　が早いか　　　2　とたん　　　3　ところで　　　4　上で

> **전략** 괄호 안에 들어갈 적절한 문법형식을 고르는 문제로, 괄호 바로 앞뒤 또는 문장 전체의 문맥에 유의해서 가장 자연스럽게 해석되는 것을 정답으로 고르세요. 이때, 알맞은 접속 형태인지, 함께 사용 가능한 품사인지 등 문법적으로 맞는지에도 주의하세요.

문제6 문장만들기 (총 5문항)

다음 문장의 ____★____ 에 들어갈 가장 적절한 것을, 1・2・3・4에서 하나 고르세요.

> **36** この料理は日本の家庭でもよく食べられてはいるが、現地で食べると ＿＿＿ ＿＿＿ ★ ＿＿＿ がある。
>
> 1　ならではの　　　2　味わい　　　3　本場　　　4　独特な

> **전략** 4개의 선택지를 문맥에 맞게 나열한 뒤 ★의 순서와 일치하는 것을 고르는 문제로, 문장을 나열한 뒤 반드시 한 번 더 읽고 문맥이 자연스러운지 확인한 후 적절한 것을 정답으로 고르세요.

문제7 글의 문법 (총 1지문, 4문항)

다음 글을 읽고, 글 전체의 취지를 바탕으로, **41** 에서 **44** 의 안에 들어갈 가장 적절한 것을, 1・2・3・4에서 하나 고르세요.

> みんな違ってみんないい
>
> 　世界は驚くほど多様性に満ちている。人間だけをとっても、髪の色、肌の色、話す言葉、さらには考え方や価値観まで千差万別だ。それらの違いは、時に対立や誤解を生むこともある。しかし、その違いこそが私たちの生活を彩り豊かにし、人生を面白くしているのではないだろうか。同じような人間ばかりが集まる世界を **41**。同じ言葉を話し、同じ食べ物を好み、同じ考え方を持つ人々ばかりの社会。それは一見して平和で調和がとれているように見えるかもしれないが、どこか退屈で単調な印象を受けるだろう。違いがあるからこそ、驚きや発見があり、そこから学びや成長が生まれるのだ。
>
> 　それぞれの違いには、その人なりの背景や物語が隠れている。都会で育った人はスピード感や効率を重視し、山間部で暮らす人は静けさや自然との調和を大切にする。どちらが正しい **42**、それぞれの価値観にはその人の生きてき

> **41**
>
> 1　想像してみてほしい　　　　2　想像しようとは思わない
>
> 3　想像できないといえるだろうか　　　4　想像できたとは限らない

> **전략** 빈칸에 들어갈 적절한 표현을 고르는 문제로, 글을 처음부터 천천히 읽으며 문맥을 파악하고, 빈칸이 나오면 바로 앞 또는 뒤의 문맥을 생각하여 가장 자연스럽게 이어지는 것을 정답으로 고르세요.

+ 독해

문제8 내용이해(단문) (총 4지문, 4문항)

다음 (1)에서 (4)의 글을 읽고, 다음 질문에 대한 답으로 가장 적절한 것을, 1·2·3·4에서 하나 고르세요.

　教師が生徒を見てあげることは、個々人の理解を深める大切な第一歩となるだろう。しかしより教師が気を配らないとならないのは、「見えにくい」子供である。積極的な生徒や、逆に無気力な生徒は比較的教師の目に留まりやすい傾向がある。一方で自己中心的でなく、他人の気をつかう生徒は、教師から見えにくい。さらには、生徒は成長するにつれ、自身への関心を集めるために素直に表現をしなくなることが多い。このような生徒を教師が見ることで、自分自身を理解し、自己成長に向けて努力することを奨励できるようになる。

45　筆者の考えに合うのはどれか。

1　教師は生徒が成長したときにきちんと見届けるようにするべきだ。

2　教師は生徒への関心がまんべんなくいきわたるようにするべきだ。

3　教師は生徒が理解できないことを聞いてあげるべきだ。

4　教師は生徒から話しかけられるようにするべきだ。

전략 짧은 지문을 읽고 질문에 맞는 답을 고르는 문제로, 전체적인 내용과 필자의 생각을 중심으로 지문을 읽고, 지문의 내용과 선택지의 내용이 가장 일치하는 것을 정답으로 고르세요. 주로 지문의 맨 마지막에 정답에 대한 중요한 힌트가 있어요.

문제9 내용이해(중문) (총 4지문, 8문항)

다음 (1)에서 (4)의 글을 읽고, 다음 질문에 대한 답으로 가장 적절한 것을, 1·2·3·4에서 하나 고르세요.

　集団を好まずに単独行動をすすんでする人のことを、よく「一匹オオカミ」ということがある。そのような人は、孤独を愛し、人に頼らないクールな印象を与える。では、実際にオオカミの世界で一匹オオカミは存在するのだろうか。基本的にオオカミは4頭～8頭ほどの群れをなして生活する。この「パック」と呼ばれる群れで生まれたオオカミは、1年ほどすると大人とほぼ同じくらいに成長する。パックは基本的に対になるオスとメス、そしてその未成熟な子どもからなっているゆえ、成熟した個体はほとんどが親元を離れるようになる。このオオカミがまさしく一匹オオカミと呼ばれるのだ。パックから離れたオオカミは繁殖のための相手を見つけるまで、孤独で厳しい時期を過ごさなければならない。つまり実際のところ野生の一匹オオカミは、人々のイメージとは少しかけ離れたところがあるのだ。

49　人々のイメージとは少しかけ離れたとあるが、ここでのイメージと一番近いのはどれか。

1　一人であることを好み、周囲に頼らず冷静であること

2　頑固な性格で、他人に対して厳しいこと

3　落ちついて物事を判断し、まわりを引っ張っていくこと

4　つらい状況を一時的にしのいでいること

전략 조금 긴 지문을 읽고 질문에 맞는 답을 고르는 문제로, 지문 하나에 2문항이 출제돼요. 지문을 처음부터 천천히 읽으면서 세부적인 내용과 필자의 생각을 파악하고, 지문의 내용과 선택지의 내용이 가장 일치하는 것을 정답으로 고르세요. 대체로 지문의 흐름과 동일한 순서로 관련된 문제가 출제돼요.

문제10 내용이해(장문) (총 1지문, 3문항)

다음 글을 읽고, 다음 질문에 대한 답으로 가장 적절한 것을, 1・2・3・4에서 하나 고르세요.

一概に美しさとは特定の物事を際立たせるものである。建築作品は自然の一片や機械とは異なる特別な存在であり、ゆえ建築の美しさについて考えることは、存在の特定の在り方を理解することに繋がるのだ。建築と美しさの関係を探ることにより、個々の美しい物が何故美しいのかを理解するための手段となるのである。建築物が人間の美しい生活に寄与する方法を明らかにするための役割を担うといってもいいだろう。

57　筆者によると、現代での純粋な美とは何とされているか。

　　1　倫理的なものと距離をおき、利便性との融合を試みるもの

　　2　実用性や道徳とは独立し、より現実的に表現できるもの

　　3　独自の価値を持ち、芸術の中で探求されるべきもの

　　4　生活の中に他のスペースを提供するもの

전략 긴 지문을 읽고 질문에 맞는 답을 고르는 문제로, 지문 하나에 3문항이 출제돼요. 지문을 처음부터 천천히 읽으면서 세부적인 내용과 필자의 생각을 파악하고, 지문의 내용과 선택지의 내용이 가장 일치하는 것을 정답으로 고르세요. 대체로 지문의 흐름과 동일한 순서로 관련된 문제가 출제돼요.

문제11 통합이해 (총 2지문, 2문항)

다음 A와 B의 글을 읽고, 다음 질문에 대한 답으로 가장 적절한 것을, 1・2・3・4에서 하나 고르세요.

A

読書は教養や知識の増加に大いに役立つ。書籍は長い歴史の中で培われてきた知識の宝庫であり、専門家や経験者の深い洞察や知見が詰まっている。このような情報はインターネットで得られる断片的な情報とは異なり、体系的に理解を深めることが大切だ。また、読んだ内容を振り返り、要点を整理することで、記憶に定着しやすくなる。例えば、読んだ本を要約してみたり、他人に内容を説明したりすることも効果的だといえる。

B

様々なジャンルやテーマの本を読むことで、新しいアイディアや視点に触れられることが本を読むことのメリットといえます。専門書などは、新しい問題解決の方法を提案し、発想力を刺激します。小説や詩は インスピレーション その情報を評価し、自分の意見を持つことが重要だからです。著者の主張や物語の展開について考え、疑問を持ち、それに対する自分の意見を形成することで、深い理解と批判的思考を養うことができるのです。

60　読書の良い点について、AとBはどのように述べているか。

　　1　Aは語彙力が向上すると述べ、Bは問題解決までに考える時間が増えると述べている。

　　2　Aは頭の中で内容を整理しやすくなると述べ、Bは他者と良好な関係を結ぶことができると述べている。

　　3　Aは学術的な内容の文章を書きやすくなると述べ、Bは専門用語を使いこなせるようになると述べている。

　　4　Aは本でしか得られない知識があると述べ、Bは読書はアイディアの発想を促進すると述べている。

전략 A와 B 두 지문을 읽고 두 지문의 공통점이나 차이점, 언급되는 내용을 고르는 문제로, A지문을 읽고 B지문을 읽을 때 공통 주제는 무엇인지, 차이점은 무엇인지 파악하고, 지문의 내용과 선택지의 내용이 가장 일치하는 것을 정답으로 고르세요.

문제12 주장이해(장문) (총 1지문, 3문항)

다음 글을 읽고, 다음 질문에 대한 답으로 가장 적절한 것을, 1·2·3·4에서 하나 고르세요.

　スクリーンの向こう側に広がる未知の世界に魅了され、いつか自分もそんな物語を創り出したいと思うようになった。夢がかなった今、映画制作は単なる仕事以上のものとして、生活そのものになっている。映画を作る醍醐味（だいごみ）は、その多くの側面にある。まず第一に、アイデアを形にするプロセスだ。頭の中にある漠然としたイメージやストーリーが、脚本となり、撮影され、編集され、最終的にスクリーン上で現実となる。

[62] 映画制作の独自性について、筆者はどのように述べているか。

1　一つの映画が類の無い作品となるのは、選択の余地が無制限であるからだ。

2　特殊効果などの選択肢を独自で決めてから、場面をどう撮るか考慮するとよい。

3　現代の映画制作では脚本が多様に存在するため、差別化された作品を制作できる。

4　作品に対する監督の解釈がよく表れた映画こそが、独自性を確立できる。

전략 긴 지문을 읽고 질문에 맞는 답을 고르는 문제로, 지문 하나에 3문항이 출제돼요. 지문을 처음부터 천천히 읽으면서 세부적인 내용과 필자의 주장을 파악하고, 지문의 내용과 선택지의 내용이 가장 일치하는 것을 정답으로 고르세요. 대체로 지문의 흐름과 동일한 순서로 관련된 문제가 출제돼요.

문제13 정보검색 (총 1지문, 2문항)

오른쪽 페이지의 안내문을 읽고, 아래 질문에 대한 답으로 가장 적절한 것을, 1·2·3·4에서 하나 고르세요.

[65] 吉村さん「私は、友達2人と一緒に旅行に行こうと思っています。7月2日から1泊2日で予定していて、車が必要なのですが、レンタカーを利用したことがないのでよく分からないです。人数が多くないので、車の大きさは特に希望はありません。事故などが心配なので保険は手厚い方がいいですが、コストはできるだけ抑えたいです。いくらかかりますでしょうか。」

吉村さんの場合、レンタカーの予約に必要な料金はいくらか。

1　8,000円

2　9,000円

3　9,500円

4　10,000円

ＡＢＣレンタカー

料金が最大20％OFFになるサマーキャンペーンを実施中です！ぜひこの機会に有意義な旅を満喫してください。

【軽自動車　5％OFF！！】

	6時間	12時間	24時間	追加1日	追加1時間
基本料金	¥4,800-	¥4,800-	¥5,260-	¥4,210-	¥1,000-
キャンペーン料金	¥4,560-	¥4,560-	¥5,000-	¥4,000-	¥950-

전략 질문의 조건에 맞는 선택지를 고르는 문제로, 질문에 제시된 조건들 하나하나 지문의 내용과 대조하여 전부 올바른 것을 정답으로 고르세요.

문제1 과제이해 (총 5문항)

문제1에서는, 우선 질문을 들어주세요. 그리고 나서 이야기를 듣고, 문제용지의 1에서 4 중에서, 가장 적절한 것을 하나 고르세요.

[문제지]	[음성]
1番 1 バーゲン用のタグ付け 2 ポスターの貼り付け 3 セール商品の確認 4 在庫の再確認	洋服の店で店長と男の店員が話しています。男の店員はまず何をしますか。 F： 橋本さん、今週末から始まるセールの準備なんだけど、いくつか急いでやっておいてほしいことがあるの。 M： わかりました。なにをすればいいですか? F： まず、セール用のタグがまだ商品に付いていないから、全部の商品にしっかり付けておいてほしいの。 　　　　　　　　　　　⋮ 男の店員はまず何をしますか。

전략 대화를 듣고 등장인물이 다음에 해야 할 행동을 고르는 문제로, 질문을 먼저 들려주므로 남자와 여자 중 누가 해야 할 행동을 고르는 문제인지 파악하고 해당 인물의 말에 특히 집중해서 올바른 것을 정답으로 고르세요. 미리 선택지를 읽어두면 내용을 파악하는데 도움이 돼요.

문제2 포인트이해 (총 6문항)

문제2에서는, 우선 질문을 들어주세요. 그 뒤, 문제용지의 선택지를 읽어 주세요. 읽는 시간이 있습니다. 그리고 나서 이야기를 듣고, 문제용지의 1에서 4 중에서, 가장 적절한 것을 하나 고르세요.

[문제지]	[음성]
1番 1 丈夫な竹を使用しているから 2 竹の節目を削って薄くしているから 3 一つ一つ違ったデザインになっているから 4 環境問題にとりくむために作られたから	テレビでレポーターが職人にインタビューをしています。職人はこの地域で作られるかごが特に人気なのはどうしてだと言っていますか。 F： 今日は、この地域の伝統工芸である竹細工について、職人の田中さんにお話を伺います。田中さんの作る竹のかごが特に人気だそうですが、その理由を教えていただけますか? M： はい。うちのかごが人気なのは、まず軽くて丈夫だからです。 　　　　　　　　　　　⋮ 職人はこの地域で作られるかごが特に人気なのはどうしてだと言っていますか。

전략 대화를 듣고 대화의 내용과 일치하는 것을 고르는 문제로, 질문을 먼저 들려주므로 무엇을 묻는 문제인지 파악하고 질문에 특히 집중해서 들은 뒤, 올바른 것을 정답으로 고르세요. 주로 이유를 묻는 문제가 출제돼요.

문제3 개요이해 (총 5문항)

문제3에서는, 문제용지에 아무것도 인쇄되어 있지 않습니다. 이 문제는, 전체적으로 어떤 내용인지를 듣는 문제입니다. 이야기 전에 질문은 없습니다. 우선 이야기를 들어주세요. 그리고 나서, 질문과 선택지를 듣고, 1에서 4 중에서, 가장 적절한 것을 하나 고르세요.

[문제지]	[음성]
- メモ -	テレビで男の人が話しています。 M：皆さん、冷蔵庫に食材を保存する際、どのようにしているでしょうか？正しい方法を知らないと、食材が早く傷んだり、栄養価が低下したりすることがあります。例えば、トマトやバナナのような果物は冷蔵庫に入れると追熟が止まってしまい、味や風味が損なわれてしまいます。 　　　　　　　　　　⋮ 男の人の話のテーマは何ですか。 1. 野菜を常温で保存する際に気をつけること 2. 食材の旬の時期と適切な保存方法 3. 食品の保存方法が食材の質や味に与える影響 4. 見た目で果物の状態を判断する方法

전략 이야기를 듣고 주제를 고르는 문제로, 화자가 전체적으로 무엇을 중심으로 이야기를 하는지에 집중해서 듣고 올바른 것을 정답으로 고르세요.

문제4 즉시응답 (총 11문항)

문제4에서는, 문제용지에 아무것도 인쇄되어 있지 않습니다. 우선 문장을 들어주세요. 그리고 나서, 그 대답을 듣고, 1에서 3 중에서, 가장 적절한 것을 하나 고르세요.

[문제지]	[음성]
- メモ -	手術をしてからというものの食欲がどうもわかなくて…。 M：1. そうですか。何か消化がいいものを食べるのはいかがですか。 　　2. そうですね。手術の前はやっぱり緊張しますよね。 　　3. そうですよ。食欲の秋と言いますからね。

전략 상대방의 말에 적절한 대답을 고르는 문제로, 상대방의 말의 의미를 정확하게 파악하고 선택지의 내용에 주의해서 가장 자연스러운 것을 정답으로 고르세요.

문제5 통합이해 (총 2대화, 3문항)

문제5에서는, 긴 이야기를 듣습니다. 이 문제에는 연습은 없습니다. 문제용지에 메모를 써도 괜찮습니다.

1번 문제용지에 아무것도 인쇄되어 있지 않습니다. 우선 이야기를 들어주세요. 그리고 나서, 질문과 선택지를 듣고, 1에서 4 중에서, 가장 적절한 것을 하나 고르세요.

[문제지]	[음성]
－ メモ －	放送局で社員たちが話しています。 Ｆ１：次の番組改編のときに、私が担当するこの番組もリニューアルしようと思ってるんです。 Ｍ：そうですね。視聴者のニーズが変わってきているので、もっと新しいアイデアが必要だと思います。例えば、若い人たちに人気のあるコンテンツを増やすとか。 　　　　　　　　　　　⋮ 視聴率を伸ばすために、社員たちはまず何をすることにしましたか。 1. 番組のＳＮＳを開設する 2. 若者に人気のあるコンテンツを増やす 3. 特別なゲストに出演してもらう 4. 番組内の企画の準備をする

전략 1번은 세 사람의 대화를 듣고 화자가 최종적으로 결정한 것을 고르는 문제로, 대화 중에 언급되는 다양한 내용들의 특징을 메모하면서 듣고 최종 결정과 일치하는 것을 정답으로 고르세요.

2번 우선 이야기를 들어주세요. 그리고 나서, 두 개의 질문을 듣고, 각각 문제용지의 1에서 4 중에서, 가장 적절한 것을 하나 고르세요.

[문제지]	[음성]
しつもん **質問１** 1　Ａパッケージ 2　Ｂパッケージ 3　Ｃパッケージ 4　Ｄパッケージ	ホテルの担当者がパッケージについて説明しています。 Ｍ１：本日は当ホテルで提供している宿泊パッケージについてご説明します。まず、Ａパッケージには、宿泊はもちろん、朝食とディナーも含まれており、さらにスパの利用も無料でついてきます。 Ｆ：どれもよさそうだけど、私はホカンスがしたいから、これかこれかな。 Ｍ２：いいね。君はスパが付いてるパッケージがいいんじゃない？ 　　　　　　　　　　　⋮ 質問１．女の人は、どのパッケージを選ぶことにしましたか。

전략 2번은 한 사람의 긴 말을 듣고 두 사람의 대화를 통해 두 사람이 각각 선택한 것을 고르는 문제로, 한 사람의 긴 말을 들을 때 4개의 선택지 각각의 특징을 메모하면서 듣고, 두 사람의 결정과 일치하는 것을 정답으로 고르세요.

01회

모의고사

청해 듣기

TEST 01

준비 다 되셨나요?

1. HB연필 또는 샤프, 지우개를 준비하셨나요?

2. 답안용지는 본책 219쪽에 수록되어 있습니다. 두 장을 잘라 각 영역에 맞게 답을 기입하세요.

3. 청해 영역을 풀 때는 QR코드를 스캔해서 듣기 파일을 준비해 주세요.
   (청해 파일은 맛있는북스 홈페이지(www.booksJRC.com)에서도 무료로 다운로드 할 수 있습니다.)

N1

言語知識（文字・語彙・文法）・読解

（110分）

注　意
Notes

1. 試験が始まるまで、この問題用紙を開けないでください。
   Do not open this question booklet until the test begins.

2. この問題用紙を持って帰ることはできません。
   Do not take this question booklet with you after the test.

3. 受験番号と名前を下の欄に、受験票と同じように書いてください。
   Write your examinee registration number and name clearly in each box below as written on your test voucher.

4. この問題用紙は、全部で31ページあります。
   This question booklet has 31 pages.

5. 問題には解答番号の 1 、 2 、 3 … が付いています。
   解答は、解答用紙にある同じ番号のところにマークしてください。
   One of the row numbers 1 , 2 , 3 … is given for each question. Mark your answer in the same row of the answer sheet.

受験番号　Examinee Registration Number	
名　前　Name	

問題1 _____の言葉の読み方として最もよいものを、1・2・3・4から一つ選びなさい。

1 そのシンポジウムでは、多彩なイベントが用意されている。
　　1　たさい　　　　2　ださい　　　　3　たせい　　　　4　だせい

2 話の脈絡が分からなくて、何を言っているのか理解できなかった。
　　1　まくらく　　　2　まくりゃく　　3　みゃくらく　　4　みゃくりゃく

3 鉄が雨水によって腐食してしまった。
　　1　ふしき　　　　2　ふしょく　　　3　ぶしき　　　　4　ぶしょく

4 こんなに難しいプロジェクトを無事終わらせるなんて、本当に偉いと思う。
　　1　えらい　　　　2　こわい　　　　3　すごい　　　　4　すばらしい

5 新入生たちは入学式で校則を守ることを宣誓した。
　　1　けんせい　　　2　せんせい　　　3　てんせい　　　4　はんせい

6 幸いにも、大きな事故を免れることができた。
　　1　それる　　　　2　はずれる　　　3　まぬかれる　　4　めくれる

問題2 （　　　）に入れるのに最もよいものを、1・2・3・4から一つ選びなさい。

7 彼はその発言の真意を（　　　）されて、答えに窮していた。

1 追究　　　　2 追及　　　　3 言及　　　　4 探求

8 図書館では、書籍を（　　　）ごとに分けて整理している。

1 カルテ　　　2 ジャンル　　3 シンクロ　　4 リストアップ

9 （　　　）のために、毎日お弁当を作るようにしている。

1 堅実　　　　2 予約　　　　3 検査　　　　4 倹約

10 プレゼンのスライドを急いで（　　　）、新しい内容を追加した。

1 差し替えて　2 差し出して　3 差し上げて　4 差し込んで

11 その伝統工芸は需要の減少によって（　　　）しつつある。

1 脆弱　　　　2 撤退　　　　3 貧弱　　　　4 衰退

12 電車の中で知らない人に（　　　）見られて、少し不快だった。

1 いらいら　　2 うろうろ　　3 じろじろ　　4 ぺろぺろ

13 彼は緊張のせいか、質問されるたびに（　　　）な態度を見せていた。

1 遠目　　　　2 ため息　　　3 浮足　　　　4 及び腰

問題3 ＿＿＿の言葉に意味が最も近いものを、1・2・3・4から一つ選びなさい。

14 両社は新しいプロジェクトで提携することを発表した。

　1　考えを出す　　　　　　　　2　お互い協力する

　3　訴えかける　　　　　　　　4　従事する

15 卒業式で彼女は晴れやかな表情を浮かべていた。

　1　鮮やかな　　2　さわやかな　　3　健やかな　　4　のどかな

16 毎日同じ話を聞かされて、さすがにうんざりする。

　1　飽き飽きする　2　気乗りする　　3　疲労がたまる　4　既に知っている

17 ここでは気兼ねなく意見を言ってください。

　1　疑念　　　　2　懸念　　　　　3　憂慮　　　　4　遠慮

18 今後の展開次第では、リストラの実施もやむを得ないかもしれない。

　1　抽出　　　　2　解雇　　　　　3　改善　　　　4　訓練

19 彼は融通が利かない性格だから、急な変更には対応できない。

　1　怒りっぽい　　　　　　　　2　好き嫌いが多い

　3　柔軟性に欠ける　　　　　　4　頭が切れる

問題4　次の言葉の使い方として最もよいものを、1・2・3・4から一つ選びなさい。

20　到来

1　新しい時代の到来を感じさせる技術が次々と生まれている。

2　空港に1時間も早く到来してしまった。

3　到来のことを心配していたって何も始まらない。

4　私たちは正午近くに山頂に到来した。

21　年配

1　一般的に筋肉は年配とともに弱くなる。

2　多くの人が富を均等に年配するように要求した。

3　これからは他人の気持ちをもっと年配するようにします。

4　年配の方々には、昔の話を聞くと面白い発見が多い。

22　漏らす

1　私は自分の個人情報が漏らすことを心配している。

2　彼は誰にも言わないと約束したのに、秘密を漏らしてしまった。

3　この地域は雪が降るといつも郵便が漏らされることで有名だ。

4　布を紅色に漏らしてからよく乾かしましょう。

23　充満

1　部屋に入ると、花の甘い香りが充満していた。

2　最近働きすぎたので、少し充満が必要だ。

3　私はその結果にとても充満だった。

4　その医師は充満に患者の状態を観察することで知られている。

24　アポイント

1　木村くんももう3年目なんだから、新入社員の業務のアポイントをお願いね。

2　明日の午後3時に先方との会議のアポイントを取っておきました。

3　本会議のアポイントは各部門におけるコスト削減です。

4　面接では自分の魅力をしっかりとアポイントすることが大切だ。

25 さっぱり

1 彼はいつも自分が納得がいかないことにはさっぱりと意見を言う。

2 彼女は不明な点は確認も怠りませんし、さっぱり仕事をこなしてくれます。

3 寝起きに冷たいシャワーを浴びたら、だるかった体がさっぱりした。

4 彼女の髪はさっぱりでつやがあり、遠くから見てもきらきらしている。

問題5　次の文の（　　　　）に入れるのに最もよいものを、1・2・3・4から一つ選びなさい。

26　彼は部屋に入る（　　　）、ベッドに倒れ込んで寝てしまった。

1　が早いか　　　　2　とたん　　　　3　ところで　　　　4　上で

27　その歌手は東京公演を（　　　）、全国ツアーがスタートする。

1　次第に　　　　2　皮切りに　　　3　機に　　　　4　限りに

28　散歩（　　　）、近くのカフェに寄った。

1　かたわら　　　2　ついでに　　　3　ながら　　　　4　がてら

29　子供では（　　　）、そんな簡単なことで怒るのはやめなさい。

1　あるゆえに　　2　あるまいし　　3　ないだけに　　4　なかろうと

30　彼に（　　　）、あの言葉はただの冗談だったのだろう。

1　すれば　　　　2　よっては　　　3　言われれば　　4　言わされると

31　どんな理由が（　　　）、暴力は絶対に許されない。

1　ありつつ　　　　　　　　　　　2　あるところで

3　あろうが　　　　　　　　　　　4　あるものの

32　試験に（　　　）、彼は毎日夜遅くまで勉強している。

1　合格せんがために　　　　　　　2　合格するからには

3　合格しようにも　　　　　　　　4　合格するとばかりに

33　台風の影響で、イベントは中止を（　　　）。

1　余儀なくした　　　　　　　　　2　余儀なくされた

3　余儀なくさせた　　　　　　　　4　余儀なくさせられた

34 山中「田村^{たむら}先輩、この書類はコピーしても（　　　）。」

　　田村^{たむら}「うん、別にかまわないよ。」

1　差し支えございませんでしょうか

2　差し支えなさいますでしょうか

3　差し支えることはありますでしょうか

4　差し支えくださいませんでしょうか

35 現在、最先端の技術が活用された新型天体望遠鏡を用いた観測研究が進展中

　　であり、いずれ近いうちに宇宙のより詳細な構造と起源が少しずつ明らかに

　　（　　　）。

1　するだろうと考える　　　　　2　するという考えがあった

3　なったかと考えた　　　　　　4　なるものと考えられる

問題6　次の文の＿★＿に入る最もよいものを、1・2・3・4から一つ選びなさい。

（問題例）

　　　　あそこで ＿＿＿＿ ＿＿＿ ＿★＿ ＿＿＿ は私の姉です。

　　　1　手　　　　2　振っている　　3　を　　　　　4　人

（解答のしかた）

　1.　正しい文はこうです。

> あそこで ＿＿＿ ＿＿＿ ＿★＿ ＿＿＿ は私の姉です。
>
> 　1　手　　3　を　　2　振っている　　4　人

　2.　＿★＿に入る番号を解答用紙にマークします。

　　　　　　　　（解答用紙）　　（例）　①　●　③　④

[36] この料理は日本の家庭でもよく食べられてはいるが、現地で食べると ＿＿＿＿
＿＿＿＿ ＿★＿ ＿＿＿ がある。

　1　ならではの　　2　味わい　　　3　本場　　　　4　独特な

[37] 今回彼が犯してしまったミスは重大だから、＿＿＿＿ ＿＿＿＿ ＿★＿ ＿＿＿ す
まないだろう。

　1　正式に　　　2　せず　　　　3　謝罪　　　　4　には

[38] 社運がかかった重要なプロジェクトだという。こんな大事な仕事は、＿＿＿＿
＿＿＿ ＿★＿ ＿＿＿ べきだと思う。

　1　もっと　　　2　しかる　　　3　担当して　　4　経験のある人が

39 そのテニス選手は ＿＿＿＿ ＿＿＿＿ ＿＿＿＿ ＿★＿＿、見事いい成績を収めた。

  1　雨風を　　　　　2　試合中の　　　3　せず　　　　4　ものとも

40 テレビでは、また汚職事件の報道がなされている。最近の政治ニュースは聞く

  ＿＿＿＿ ＿＿＿＿ ＿＿＿＿ ＿★＿＿。

  1　ばかりだ　　　2　もの　　　　　3　たえない　　　4　に

問題7　次の文章を読んで、文章全体の趣旨を踏まえて、41から44の中に入る最もよいものを、1・2・3・4から一つ選びなさい。

以下はあるライターが書いたエッセイである。

みんな違ってみんないい

　世界は驚くほど多様性に満ちている。人間だけをとっても、髪の色、肌の色、話す言葉、さらには考え方や価値観まで千差万別だ。それらの違いは、時に対立や誤解を生むこともある。しかし、その違いこそが私たちの生活を彩り豊かにし、人生を面白くしているのではないだろうか。同じような人間ばかりが集まる世界を41。同じ言葉を話し、同じ食べ物を好み、同じ考え方を持つ人々ばかりの社会。それは一見して平和で調和がとれているように見えるかもしれないが、どこか退屈で単調な印象を受けるだろう。違いがあるからこそ、驚きや発見があり、そこから学びや成長が生まれるのだ。

　それぞれの違いには、その人なりの背景や物語が隠れている。都会で育った人はスピード感や効率を重視し、山間部で暮らす人は静けさや自然との調和を大切にする。どちらが正しい42、それぞれの価値観にはその人の生きてきた環境や経験が深く影響している。違いを認め合うということは、他者の背景や物語に耳を傾けることであり、それが時には自分自身を見つめ直すきっかけにもなる。違う視点に触れることは、私たちに新たな考え方や可能性を与えてくれる。

　とはいえ、違いを受け入れることは簡単なことではない。他人の価値観を完全に理解することは難しく、自分との違いが大きければ大きいほど、そこに壁を感じることもあるだろう。しかし、その壁を越えた先にこそ、本当の対話や共感が待っている。大切なのは、自分と違う意見や生き方を拒絶せず、まずは43。その一歩を踏み出すことで、私たちはもっと深く他者とつながり、世界の多様性を実感することができる。

　　「みんな違ってみんないい」という言葉は、他者を尊重する優しさと自分を肯定する強さを含んでいる。この言葉が広がる社会では、誰もが自分らしく生きることができ、また他者のありのままを受け入れることができる。完璧である必要はないし、他人と同じである必要もない。それぞれの違いを認め合い、そこから新たな価値を生み出すことこそが、私たちにとっての未来への希望だ。違いを恐れるのではなく、むしろその違いを喜び、手を取り合える世界を築いていきたいと私は心から　44　。

41

1　想像してみてほしい　　　　　2　想像しようとは思わない

3　想像できないといえるだろうか　4　想像できたとは限らない

42

1　ばかりではなく　　　　　　　2　というわけではなく

3　からといって　　　　　　　　4　というわけにもいかず

43

1　知らなきゃいけないわけじゃない　2　知っておけばよかった

3　知りようがないことだろう　　　4　知ろうとする姿勢だ

44

1　願ったおかげだろう　　　　　2　願ってやまない

3　願いつつある　　　　　　　　4　願ってもみなかった

問題8　次の(1)から(4)の文章を読んで、後の問いに対する答えとして最もよいもの
　　　　を、1・2・3・4から一つ選びなさい。

(1)

　教師が生徒を見てあげることは、個々人の理解を深める大切な第一歩となるだろう。
しかしより教師が気を配らないとならないのは、「見えにくい」子供である。積極的な
生徒や、逆に無気力な生徒は比較的教師の目に留まりやすい傾向がある。一方で自己中
心的でなく、他人の気をつかう生徒は、教師から見えにくい。さらには、生徒は成長す
るにつれ、自身への関心を集めるために素直に表現をしなくなることが多い。このよう
な生徒を教師が見ることで、自分自身を理解し、自己成長に向けて努力することを奨励
できるようになる。

[45]　筆者の考えに合うのはどれか。

　　1　教師は生徒が成長したときにきちんと見届けるようにするべきだ。

　　2　教師は生徒への関心がまんべんなくいきわたるようにするべきだ。

　　3　教師は生徒が理解できないことを聞いてあげるべきだ。

　　4　教師は生徒から話しかけられるようにするべきだ。

(2)

以下は、ある市役所のホームページに掲載されたお知らせである。

10月5日

駐車場工事について

　この度、駐車場スペースの改装工事につきまして、10月25日より駐車場の利用が制限されるようになります。市役所をご利用の方に関しては、ふれあい広場のほうに臨時駐車場を設けましたのでそちらに駐車していただければと思います。駐車料金に関しては、以前同様60分無料、以後30分150円となります。入り口で必ず駐車券をお取りの上、ご利用ください。近隣商業施設等への駐車はご遠慮ください。工事期間中は何かとご迷惑をおかけいたしますが、ご理解のほどよろしくお願い申し上げます。

市役所管理事務所　　TEL 00-1234　（受付時間：月～金　9：00～17：00）

46　このお知らせは何を知らせているか。

1　駐車料金を払うように変わったこと

2　広場の工事でもとの駐車場が使えなくなること

3　近くの商業施設に車をおくようになったこと

4　車を駐める場所が変更になること

(3)

　外国語を学ぶということは単に言語間の疎通を可能にしてくれる以上のものである。これは言語というものが文化や習慣、歴史的な認識を反映しているからである。これを理解するには相当の時間を必要とするが、その言語を「習得」したというためには必須ともいえる。例えば、ある言語では動物や植物の呼び名が生息する場所によって異なったり、オスであるかメスであるかによっても変わったりすることがある。特に家畜など、より生活に密接した動物であるほど、その呼び名はより細分化される可能性が高い。その反面このような動物を日常で触れることの少ない文化圏では呼び名は比較的単純化されているだろう。これらを比較し、言語を通じて理解することができるのである。

47 筆者によると、言語を学ぶことはつまり何だと言っていると考えられるか。

1　単純な知識を応用していくことである。

2　人の認識の違いを学ぶことである。

3　時間を費やして学ぶことである。

4　文化の変化を感じ取ることである。

(4)

以下は、職人になるための修行に関する文章である。

> 職人の世界では自ら考える力が求められます。言葉で教えてもらうより、「見て覚える」ほうが、自ら考えるくせをつけることができ、これは職人になるうえで要となる要素とも言えます。自らの力で技術を体得しなければ、自分なりの作業スタイルや姿勢を確立することは難しいです。自らの成長に繋がる学びの機会を逃さず、技術を身につけていくことが肝要なのです。作業に注目し、試行錯誤しながら修行を積み重ねることで一人前へと成長していけるのです。

48 この文章で筆者が述べていることは何か。

1　見る力を育てることで成長を妨げられる。

2　自分のスタイルがないと修行をする意味がない。

3　手作業にこだわることで一人前になれる。

4　技術を口伝えで教わるとろくに学べない。

問題9　次の(1)から(4)の文章を読んで、後の問いに対する答えとして最もよいもの
　　　　を、１・２・３・４から一つ選びなさい。

(1)

　集団を好まずに単独行動をすすんでする人のことを、よく「一匹オオカミ」というこ
とがある。そのような人は、孤独を愛し、人に頼らないクールな印象を与える。では、
実際にオオカミの世界で一匹オオカミは存在するのだろうか。基本的にオオカミは４頭
～８頭ほどの群れをなして生活する。この「パック」と呼ばれる群れで生まれたオオカ
ミは、１年ほどすると大人とほぼ同じくらいに成長する。パックは基本的に対になるオ
スとメス、そしてその未成熟な子どもからなっているゆえ、成熟した個体はほとんどが
親元を離れるようになる。このオオカミがまさしく一匹オオカミと呼ばれるのだ。パッ
クから離れたオオカミは繁殖のための相手を見つけるまで、孤独で厳しい時期を過ごさ
なければならない。つまり実際のところ野生の一匹オオカミは、人々のイメージとは少
しかけ離れたところがあるのだ。

　オオカミが集団を形成し生活する上では、生きるための社会性がお互いに求められる
からである。ここで重要なのは、自分への報酬を期待せず、他者に利益をもたらす行動
を意図してできるかであり、これを向社会性ともいう。実験でオオカミは仲間に食べ物
を提供できる状況にあれば、自分は食べられないとしてもすすんで行動に移す様子を見
せた。これはオオカミは群れの中での協力が生存に不可欠であるため、仲間に対して寛
大であるということである。では、遺伝子的にオオカミに最も近い犬はどうだろうか。
人間によって飼いならされた室外犬は、野生のオオカミほどは向社会的な行動を見せな
かった。たとえ同じ群れの犬であったとしても、仲間のためだけに食べ物を与えること
にはさほど興味を見せなかったのである。しかし、これはあくまでも群れで暮らす室外
犬を対象に行われたものであり、人間とともに室内で暮らすペット化された犬には、向
社会的傾向が確認されたケースも存在する。

49 人々のイメージとは少しかけ離れたとあるが、ここでのイメージと一番近いのは
どれか。

1 一人であることを好み、周囲に頼らず冷静であること

2 頑固な性格で、他人に対して厳しいこと

3 落ちついて物事を判断し、まわりを引っ張っていくこと

4 つらい状況を一時的にしのいでいること

50 筆者によると、向社会性についてどのように述べているか。

1 人間とともに暮らす犬は向社会的な行動を全く見せない。

2 一匹で暮らすオオカミには確認されない。

3 オオカミは仲間に分け与えることに抵抗がない。

4 犬はペット化される過程で向社会性が強化された。

(2)

　子どもの成長には個人差があるものの、全体的な流れには共通点があります。これを発達段階と呼びます。このそれぞれの段階を確認し、適した課題を提供することが子ど①もが順調に成長するための鍵となります。各段階をしっかりと踏んで成長することで、子どもは視野を広げ、自己探求を深め、目標や志を持つようになります。

　０歳から１歳６ヶ月までは乳児期とよばれ、基本的信頼を育む時期とされます。この時期の赤ちゃんは、親や周囲の人々からの愛情と支援を通じて信頼感を形成します。この時期の次は幼児前期で、３歳までとされています。この時期は自律性が発達します。子どもは歩いたり話したりする能力を伸ばし、自分で食事や着替え、排泄をするようになります。この自律性を育むためには、子どもに自分でする機会を与えることが大切です。逆に、親がすべてを手助けしてしまうと、子どもの自律性は育ちにくくなります。次の３歳から５歳までの幼児後期は自発性の発達期です。この時期には、子どもは自分から遊びや活動を見つけるようになります。幼稚園や保育園で過ごす時間が増え、友達と関わる中で自発性が育まれます。この自発性を尊重し、適切にサポートすることが重要です。

　これらの発達段階に応じた課題を提供することで、子どもの健やかな成長をサポートできます。これが時期的に早い場合は、与えられた課題を十分に遂行できず子どもは自信を失ってしまうおそれがあります。また逆に遅すぎると、その後の子どもの成長に支障が出ることもあるので格別に注意が必要です。こうした取り組みが、子供に自信を与②え、将来の成長と発展を支えるのです。

51 ①発達段階とあるが、この文章で登場する段階に関する説明として正しいのはどれか。

1 自分と社会の関係について考える時期

2 自分から人に話しかけようとする時期

3 学校で自らさらに学ぼうとする時期

4 自分で何もかもできるようになる時期

52 ②こうした取り組みとあるが、例としてどのようなものが挙げられるか。

1 幼児期には子供を適当にあしらう。

2 幼児後期には自らできることに干渉しすぎない。

3 乳児期にはできる範囲で挑戦させてみる。

4 幼児前期には集団行動の理解を深めさせる。

(3)

　人は一旦期待や思い込みを持つと、自分の考えに都合の良い情報だけを集め、反する情報を無視する傾向があります。例えば、占いがよく当たると信じ込んでいると、たとえ外れたことがあったとしてもそれは見過ごし、当たったケースのみに注目するようになります。これが怖いところは、バイアスが無意識レベルでかかっているということです。実際には特定の考えに対し肯定的な事実と否定的な事実が半々だとしても、バイアスがかかると肯定的な情報ばかりが認知され、これが「客観的である」とまで考えてしまうのです。

　特に現代はＳＮＳやＩＴの進展により、バイアスに陥りやすくなっています。ネット上の検索エンジンは個人の好みに基づいて情報を提供し、自分の意見と似たものだけが目に入る状況が作られやすいです。こうした状況では、俗に言う陰謀論や疑似科学のターゲットになりやすくなります。根本的に、人は実際に認知したものに引っ張られるため、これはどんな人でもバイアスを持っているといっても過言ではないでしょう。また、自身に対する評価は他人の評価より高い傾向があるとも言われています。そこで自分が一度下した結論が優れていると考え、相反する事実を適切に認識できなくなってしまうのです。

　では、このような傾向をどう受け止め、より客観的に物事を観察できるようになるには、何が求められるのでしょうか。一概に言えることとしては、自身が感じる「そのままの思考」のみに頼らないことです。根拠がはっきりしないようなエピソードに関しては、再現性を厳格に検討することが求められます。これは真正な科学で基本となる、同じ条件では同じ結果が出るということを確かめる過程です。またあいまいな状況を後付けで拡張して解釈していないか、比較対象群と照らし合わせながら確認することも必要だといえます。反対意見を探し、自ら試してみる、そうすることで少なくとも考えることの限界を受け入れることができるようになるでしょう。

（注）バイアス：偏見や先入観、考えの偏りのこと

53 この文章によると、ＳＮＳの発達によりどのような問題が生じていると考えられるか。

1 個人の好みのみに基づいて事実を認識するようになる。

2 ネット上にある否定的な事実や情報に注目してしまいがちだ。

3 異なる意見や反対意見が批判のターゲットになりやすくなる。

4 自分の意見と同じ情報ばかりを集めるようになる。

54 この文章で筆者が伝えたいことはなにか。

1 自分が客観的であるということを常に周囲に発信していこう。

2 バイアスに惑わされないほどの明確な信念を貫こう。

3 間違っている意見でも再現してみて、偏見でないか確かめるようにしよう。

4 自らのバイアスを認識し、客観性を保つための意識を持とう。

(4)

　天気予報は、私たちの日常生活において欠かせない存在だ。朝、目を覚ますとまずスマートフォンやテレビで天気を確認し、その日の服装や予定を考える人も多いだろう。晴れなら洗濯物を外に干し、雨なら傘を忘れないように準備する。天気予報があることで、私たちは日々の生活をより効率的に、そして安心して送ることができるのだ。

　しかし、天気予報は決して容易に作られるものではない。気象衛星や観測機器、膨大なデータを活用して複雑な計算を重ねた結果として提供されるものだ。それでも、自然は時に予測を超える動きを見せる。近年は異常気象の増加により、その傾向は顕著になったといえよう。突然のゲリラ豪雨や予期せぬ台風の進路変更などがその例だ。それでも予報士たちは、精度を高めるための研究や技術開発を絶えず続けている。その努力の背後には、人々の安全を守りたいという強い使命感がある。

　天気予報は単なる情報提供ではなく、未来を見据えるための重要なツールだ。農業や漁業、交通機関など多くの分野に影響を与え、時には命を守る役割を果たす。天気予報が正確であることはもちろん大切だが、それ以上に重要なのは、その情報をどう活用するかだ。予報をもとに行動を見直し、危機を回避する力を持つことで、私たちは自然の脅威と共存することができるのだ。

55 筆者によると、天気予報を作るのが容易でないのはなぜか。

1 大気の状態を観測する気象衛星や観測機器を使用するには莫大な費用がかかる
から

2 予報士たちが複雑な計算を重ねても、計算ミスを犯してしまうことがあるから

3 複雑な過程を経て予報が作られても、予報通りに天気が変わるものではないから

4 ゲリラ豪雨や台風の増加によって、予報精度を高めるための技術開発が難しい
から

56 天気予報の役割について、筆者はどのように考えているか。

1 天気予報は人々の安全を守るために、まず見なければならない情報である。

2 天気予報は日常生活において人々が活用するのはもちろん、様々な分野にわたっ
て利用されている。

3 異常気象が進んでいく中で、人々は天気予報が提供する情報をもとに行動すべ
きだ。

4 これからも天気予報を通して、情報を活用することで、自然の脅威に打ち勝って
いくことができる。

問題10　次の文章を読んで、後の問いに対する答えとして最もよいものを、１・２・３・４から一つ選びなさい。

　一概に美しさとは特定の物事を際立たせるものである。建築作品は自然の一片や機械とは異なる特別な存在であり、ゆえ建築の美しさについて考えることは、存在の特定の在り方を理解することに繋がるのだ。建築と美しさの関係を探ることにより、個々の美しい物が何故美しいのかを理解するための手段となるのである。建築物が人間の美しい生活に寄与する方法を明らかにするための役割を担うといってもいいだろう。

　実は、現代の世界観では、美は有益さや道徳と競合関係にある。何かが美しいとされる一方で、道義的に見れば非常に悪いものであることもあり得るからである。また、かつて美しいとされたものに対して、現代では単なる有益性を求めることもある。こうした美の区別に基づいて、美学的な判断が行われるのだ。それ故に、美しさを有益さや道義から区別することで、純粋な美を追求することが可能になるとされる。純粋な美は、現実の愛や憧れとは異なり、現実的なものよりも美しさの現れが重要だというのだ。現代の美学理論では、現実への愛と美の体験は相反し、美は生活ではなく芸術の中で探求されるべきだと示唆されている。生活の真剣さと芸術の清澄^{（注1）}は混じり合わないということである。カントの美学では、美を美として判断することであり、具体的な意味内容や表現は重要でない。特に、芸術の美においてこの概念が適用され、ルネッサンス以来の芸術論も芸術的美を真の美と見なしている。

　建築と美の関係について、美が役立つことや道義とは異なる純粋な価値を持つと考えると、建築の美しさも問題になりえる。ある人は　建築が実用性に奉仕するものであると捉え、またある人は実用に役立つ建物と美しくあらわれるものを厳格に区別するという。しかし、このような主張は、今日の建築作品においてその美というものは時に実用
①
性を超えて存在し、純粋な美を表現する可能性があると捉えられていることを看過している。実際には多くの建築物が美と実用を両立している姿を経験できるのも否定しがたい。ゆえ単純に「不完全な芸術」とまで位置付けることは、純粋な芸術性を見出すことに大きな阻害となるといえる。新時代の芸術哲学では、建築を実用性と美としての二つ
②
の側面から見つめるとしても、美しい建築物が存在し得るためには、実用性と美を統合することに意義をおくべきではないだろうか。建築作品は、自然の美しさを引き立て、

人間の意気軒昂とした生活空間を創り出すものであるため、必然的に美しさと関係している。美しいものであると同時に、他の美しいものに空間を提供することを追求し、人々が自己の生き生きとした生活を見つけ出す手助けをするものこそ、建築の美しさではないだろうか。

（注1）清澄：澄み渡って清らかである様子
（注2）意気軒昂：元気や勢力がさかんな様子

57　筆者によると、現代での純粋な美とは何とされているか。

1　倫理的なものと距離をおき、利便性との融合を試みるもの

2　実用性や道徳とは独立し、より現実的に表現できるもの

3　独自の価値を持ち、芸術の中で探求されるべきもの

4　生活の中に他のスペースを提供するもの

58　①このような主張とは何か。

1　純粋な価値をもつ建造物は美の対象であること

2　建築の美が実用性の中で実現されているということ

3　実用性に奉仕する建築作品は厳格に慕われるということ

4　建築物の実用性と別に美しさは独立しているということ

59　②大きな阻害となるとあるが、筆者の考えに合うのはどれか。

1　建築作品は一流の芸術として遜色ない。

2　生き生きとした生活を送るために空間を備えておくといい。

3　二つの観点から建造物を区別し評価したほうがいい。

4　不完全だとしても、純粋であれば美しさの邪魔にならない。

問題11 次のＡとＢの文章を読んで、後の問いに対する答えとして最もよいものを、
1・2・3・4から一つ選びなさい。

A

　　読書は教養や知識の増加に大いに役立つ。書籍は長い歴史の中で培われてきた知
識の宝庫であり、専門家や経験者の深い洞察や知見が詰まっている。このような情
報はインターネットで得られる断片的な情報とは異なり、体系的に整理されており、
教養を深めるのに最適である。さらに、多くの本を読むことで、言葉の使い方や表
現方法を自然に学び、話す際や文章を書く際の参考にすることができる。

　　本を読むときは一度読んだだけでは理解が浅いこともあるため、重要な箇所や難
解な部分は何度も読み返し、理解を深めることが大切だ。また、読んだ内容を振り
返り、要点を整理することで、記憶に定着しやすくなる。例えば、読んだ本を要約
してみたり、他人に内容を説明したりすることも効果的だといえる。

B

　　様々なジャンルやテーマの本を読むことで、新しいアイディアや視点に触れられ
ることが本を読むことのメリットといえます。専門書などは、新しい問題解決の方
法を提案し、発想力を刺激します。小説や詩は インスピレーションを与え、自らの
思考を深めることで想像力が豊かになります。想像力のトレーニングは、他者の視
点を理解し、より良いコミュニケーションが可能になるなど、日常生活や仕事で問
題解決や創造性を発揮する際に役立つことがあるでしょう。

　　しかし、本を読む際、読んだ内容をそのまま受け入れるのは良くないです。読書
は情報を受け取るだけでなく、その情報を評価し、自分の意見を持つことが重要だ
からです。著者の主張や物語の展開について考え、疑問を持ち、それに対する自分
の意見を形成することで、深い理解と批判的思考を養うことができるのです。

60 読書の良い点について、AとBはどのように述べているか。

1 Aは語彙力が向上すると述べ、Bは問題解決までに考える時間が増えると述べている。

2 Aは頭の中で内容を整理しやすくなると述べ、Bは他者と良好な関係を結ぶことができると述べている。

3 Aは学術的な内容の文章を書きやすくなると述べ、Bは専門用語を使いこなせるようになると述べている。

4 Aは本でしか得られない知識があると述べ、Bは読書はアイディアの発想を促進すると述べている。

61 読書をするときの姿勢について、AとBはどのように述べているか。

1 Aは知人などに読んだ本を紹介するといいと述べ、Bは話の展開が分かるまで読み返すといいと述べている。

2 Aは内容が記憶に長く残ることが大切だと述べ、Bは批判的に考えることが重要だと述べている。

3 Aは要約本を書いてみるべきだと述べ、Bは読者のことを考えて本を書くことが大切だと述べている。

4 AもBも本を読みながら思ったことはまとめておくとよいと述べている。

問題12　次の文章を読んで、後の問いに対する答えとして最もよいものを、１・２・
　　　　３・４から一つ選びなさい。

　スクリーンの向こう側に広がる未知の世界に魅了され、いつか自分もそんな物語を創
り出したいと思うようになった。夢がかなった今、映画制作は単なる仕事以上のものと
して、生活そのものになっている。映画を作る醍醐味は、その多くの側面にある。まず
第一に、アイデアを形にするプロセスだ。頭の中にある漠然としたイメージやストー
リーが、脚本となり、撮影され、編集され、最終的にスクリーン上で現実となる。その
過程はまるで魔法のようだ。最初はただの紙とペン、あるいはパソコンの画面上の文字
に過ぎなかったものが、俳優の演技や美術セット、音楽によって命を吹き込まれる。そ
の変化を目の当たりにする度に、何度経験しても感動してしまう。

　映画制作は非常にクリエイティブな作業だ。選択肢が無限に広がっているため、どん
な映画も唯一無二の作品となる。特に、特殊効果やＣＧを駆使する現代の映画制作では
その創造性がさらに発揮される。同じ脚本を使用したとしても、出来上がった作品を見
比べると、撮り方の違い、演じ方の違い、カット割りの違いなど、作品に対する解釈や
表現の違いが明確に現れる。これこそが映画の独自性であり、制作者の力量が試される
ところである。

　そこで映画業界は生半可な気持ちで続けられるものでは決してない。映画制作は長期
間にわたる作業であり、その間の体力や精神力も問われる。新しい題材や作品が次々と
登場する中で、自分の作品が魅力的でありつづけるためには独自性や革新性が求められ
る。しかし、独自性を追求するあまり、観客の期待に応えられない作品になってしまう
こともある。観客のニーズを理解し、それに応える作品を作ることは、映画制作におけ
る大きな課題である。時には観客の反応など気にせずに自分の信念を貫くのが潔く見え
ると考えるかもしれない。それでもそれは映画制作者としては中途半端な立場にほかな
らない。映画の本来の意義をもう一度考えてほしいのである。

　映画制作は、単にエンターテインメントを提供するだけでなく、社会に影響を与える
ことにも意味があると思っている。映画は時に時代や社会の問題を反映し、観客に考え
る機会を提供する。例えば、環境問題や人権問題、戦争や平和など、さまざまなテーマ
を取り上げ、観客に新たな視点や意識を持たせることができる。また、映画は文化や歴

史を伝える役割も果たしている。過去の出来事や伝統文化を描くことで、観客にその価値や意義を伝えることができる。特に、ドキュメンタリー映画や歴史映画は、その時代や出来事を詳細に描くことで、観客に深い理解を促すことができる。映画を通じて、過去の出来事や文化を知ることは、現代社会に生きる私たちにとって重要な学びの一つである。映画を通じて、社会に対するメッセージを発信し、一つの学びの場として多くの人々に影響を与えることは、映画制作の大きな意義であり、役割であると考えている。

62 映画制作の独自性について、筆者はどのように述べているか。

1 一つの映画が類の無い作品となるのは、選択の余地が無制限であるからだ。

2 特殊効果などの選択肢を独自で決めてから、場面をどう撮るか考慮するとよい。

3 現代の映画制作では脚本が多様に存在するため、差別化された作品を制作できる。

4 作品に対する監督の解釈がよく表れた映画こそが、独自性を確立できる。

63 中途半端な立場とあるが、なぜか。

1 監督の考えが表現されている映画は人気がないから

2 せっかく時間をかけても途中までしか制作できないから

3 観客のニーズを無視して自分の信念を貫くだけでは意味がないから

4 客の反応が悪くても映画としての意義を果たしてればいいから

64 この文章で筆者が最も言いたいことは何か。

1 社会に及ぼす影響を長期間維持できることが映画の醍醐味である。

2 一つの選択が映画業界の興亡にかかわることがある。

3 映画制作者は映画の本来の意義について考察するべきだ。

4 統一性を持った映画を作ることにこだわるべきだ。

問題13　右のページは、レンタカー会社のパンフレットである。下の問いに対する答え
　　　　として最もよいものを、１・２・３・４から一つ選びなさい。

65　吉村さん「私は、友達２人と一緒に旅行に行こうと思っています。７月２日から
　　　１泊２日で予定していて、車が必要なのですが、レンタカーを利用したことがな
　　　いのでよく分からないです。人数が多くないので、車の大きさは特に希望はあり
　　　ません。事故などが心配なので保険は手厚い方がいいですが、コストはできるだ
　　　け抑えたいです。いくらかかりますでしょうか。」
　　　吉村さんの場合、レンタカーの予約に必要な料金はいくらか。

　　１　8,000円
　　２　9,000円
　　３　9,500円
　　４　10,000円

66　佐々木さんはキャンペーン期間中に中型車もしくは大型車を利用しようと考えている。
　　　佐々木さんが注意しなければならないこととして合っているのは、次のどれか。
　　１　３日以上利用すると料金がさらに５割引きされる。
　　２　乗車する車の種類まで指定することができない。
　　３　乗車する車にカーナビをつけることができない。
　　４　同じ時間を利用する場合、大型車のほうが安くなる。

ＡＢＣレンタカー

料金が最大20％OFFになるサマーキャンペーンを実施中です！ぜひこの機会に有意義な旅を満喫してください。

※料金は全て標準コースが基準となります。

【軽自動車　５％OFF！！】

	6時間	12時間	24時間	追加1日	追加1時間
基本料金 キャンペーン料金	￥4,800- ￥4,560-	￥4,800- ￥4,560-	￥5,260- ￥5,000-	￥4,210- ￥4,000-	￥1,000- ￥950-

【中型車　　10％OFF！！】

	6時間	12時間	24時間	追加1日	追加1時間
基本料金 キャンペーン料金	￥6,500- ￥5,850-	￥7,900- ￥7,110-	￥9,500- ￥8,550-	￥7,900- ￥7,110-	￥1,500- ￥1,350-

【大型車　　20％OFF！！】

	6時間	12時間	24時間	追加1日	追加1時間
基本料金 キャンペーン料金	￥8,800- ￥7,040-	￥10,500- ￥8,400-	￥15,500- ￥12,400-	￥10,000- ￥8,000-	￥1,700- ￥1,360-

※車種の指定はできません。

※軽自動車は４名まで、中型車は６名まで、大型車は９名までご乗車いただけます。

※カーナビをご希望の方はご予約が必要となります。数量に限定があるためご希望にお応えできない場合がございます。予めご了承ください。

※３日以上ご利用の方には５％追加割引が適応されます。

※キャンペーン期間：６月１日〜７月30日

※標準コースから安心コースへの変更は以下の通りに差額が発生します。

　（キャンペーン中はキャンペーン料金に追加されます。）

軽自動車〜中型車	大型車
＋100円／時間	＋200円／時間
＋500円／日	＋1,000円／日

安心コース：無制限の対物補償(免責額５万円)、人身障害保障(１名につき3,000万円まで)

　　　　　　　５つのロードサービス、　返車時間超過安心サービスが含まれます。

　　　　　　　詳細はホームページをご確認ください。

N1

聴解

（55分）

注　意
Notes

1. 試験が始まるまで、この問題用紙を開けないでください。
　 Do not open this question booklet until the test begins.

2. この問題用紙を持って帰ることはできません。
　 Do not take this question booklet with you after the test.

3. 受験番号と名前を下の欄（らん）に、受験票と同じように書いてください。
　 Write your examinee registration number and name clearly in each box below
　 as written on your test voucher.

4. この問題用紙は、全部で13ページあります。
　 This question booklet has 13 pages.

5. この問題用紙にメモをとってもかまいません。
　 You may make notes in this question booklet.

受験番号　Examinee Registration Number	
名　前　Name	

もんだい
問題1

問題1では、まず質問を聞いてください。それから話を聞いて、問題用紙の1から4の中から、最もよいものを一つ選んでください。

れい
例

1 旅行日を決める

2 行き先を相談する

3 車を借りる

4 泊まる場所を見つける

1番
<ruby>番<rt>ばん</rt></ruby>

1 バーゲン<ruby>用<rt>よう</rt></ruby>のタグ<ruby>付<rt>づ</rt></ruby>け

2 ポスターの<ruby>貼<rt>は</rt></ruby>り<ruby>付<rt>つ</rt></ruby>け

3 セール<ruby>商品<rt>しょうひん</rt></ruby>の<ruby>確認<rt>かくにん</rt></ruby>

4 <ruby>在庫<rt>ざいこ</rt></ruby>の<ruby>再確認<rt>さいかくにん</rt></ruby>

2番
<ruby>番<rt>ばん</rt></ruby>

1 ホームページで<ruby>申請<rt>しんせい</rt></ruby>する

2 <ruby>志望<rt>しぼう</rt></ruby>する<ruby>企業<rt>きぎょう</rt></ruby>を<ruby>絞<rt>しぼ</rt></ruby>る

3 <ruby>会社<rt>かいしゃ</rt></ruby>の<ruby>特徴<rt>とくちょう</rt></ruby>をまとめる

4 インターンシップに<ruby>参加<rt>さんか</rt></ruby>する

3番
<ruby>ばん<rt></rt></ruby>

1 現地での移動手段を予約する

2 見積書に詳細を追加する

3 航空会社と連絡する

4 注意事項を追加する

4番

1 メールで資料を確認する

2 表紙のデザインをする

3 松田さんに見せに行く

4 パンフレットの素材を集める

5番

1 お店の雰囲気を変える

2 従業員と面談する時間を見直す

3 先輩の従業員にメンターを任せる

4 忙しくない時間帯にシフトを多く入れる

もんだい
問題2

問題2では、まず質問を聞いてください。そのあと、問題用紙のせんたくしを読んでください。読む時間があります。それから話を聞いて、問題用紙の1から4の中から、最もよいものを一つ選んでください。

れい
例

1 頼まれたことをきちんとできなかったから

2 業務時間に同僚とおしゃべりしていたから

3 上司の質問にちゃんと答えられなかったから

4 上司にきちんと謝らなかったから

1番
ばん

1　丈夫な竹を使用しているから

2　竹の節目を削って薄くしているから

3　一つ一つ違ったデザインになっているから

4　環境問題にとりくむために作られたから

2番
ばん

1　引っ越しがめんどうくさいから

2　今の職場をやめなければいけないから

3　新しい環境になじめるか不安だから

4　新しい友達を作るのが大変だから

3番

1 勉強時間を減らすようにしたこと

2 家族から同じような状況の体験談を聞いたこと

3 家族との時間を大切にするようにしたこと

4 試験の結果を前向きにとらえるようにしたこと

4番

1 発達心理学の基本概念

2 児童心理学の歴史

3 発達プロセスの区分法

4 発達心理学と教育学との関係

5番
ばん

1　文字の一種に見えるものが描かれていること
　　もじ　いっしゅ　み　　　　　　　　　えが

2　これまで発見されなかった動物が描かれていること
　　　　　　　はっけん　　　　　　　　どうぶつ　えが

3　大型の哺乳類に見える動物が描かれていること
　　おおがた　ほにゅうるい　み　　どうぶつ　えが

4　従来の学説にはなかった記号が描かれていること
　　じゅうらい　がくせつ　　　　　きごう　えが

6番
ばん

1　駐車場の位置を変更する
　　ちゅうしゃじょう　いち　へんこう

2　歩行者のためのスペースをもっと確保する
　　ほこうしゃ　　　　　　　　　　　かくほ

3　夏場の日差し対策をする
　　なつば　ひざ　たいさく

4　入り口のホールの向きを変える
　　いぐち　　　　　むき　か

もんだい
問題3

　問題３では、問題用紙に何も印刷されていません。この問題は、全体としてどんな内容かを聞く問題です。話の前に質問はありません。まず話を聞いてください。それから、質問とせんたくしを聞いて、１から４の中から、最もよいものを一つ選んでください。

- メモ -

問題4

問題4では、問題用紙に何も印刷されていません。まず文を聞いてください。それから、それに対する返事を聞いて、1から3の中から、最もよいものを一つ選んでください。

– メモ –

もんだい
問題5

問題5では、長めの話を聞きます。この問題には練習はありません。

問題用紙にメモをとってもかまいません。

ばん
1番

問題用紙に何も印刷されていません。まず話を聞いてください。それから、質問とせんたくしを聞いて、1から4の中から、最もよいものを一つ選んでください。

－　メモ　－

2番
<ruby>番<rt>ばん</rt></ruby>

まず<ruby>話<rt>はなし</rt></ruby>を<ruby>聞<rt>き</rt></ruby>いてください。それから、<ruby>二<rt>ふた</rt></ruby>つの<ruby>質問<rt>しつもん</rt></ruby>を<ruby>聞<rt>き</rt></ruby>いて、それぞれ<ruby>問題用紙<rt>もんだいようし</rt></ruby>の1か
ら4の<ruby>中<rt>なか</rt></ruby>から、<ruby>最<rt>もっと</rt></ruby>もよいものを<ruby>一<rt>ひと</rt></ruby>つ<ruby>選<rt>えら</rt></ruby>んでください。

質問1
<ruby>質問<rt>しつもん</rt></ruby>

1　Aパッケージ

2　Bパッケージ

3　Cパッケージ

4　Dパッケージ

質問2
<ruby>質問<rt>しつもん</rt></ruby>

1　Aパッケージ

2　Bパッケージ

3　Cパッケージ

4　Dパッケージ

정답 170쪽 ▶

02회

모의고사

준비 다 되셨나요?

1. HB연필 또는 샤프, 지우개를 준비하셨나요?

2. 답안용지는 본책 219쪽에 수록되어 있습니다. 두 장을 잘라 각 영역에 맞게 답을 기입하세요.

3. 청해 영역을 풀 때는 QR코드를 스캔해서 듣기 파일을 준비해 주세요.
   (청해 파일은 맛있는북스 홈페이지(www.booksJRC.com)에서도 무료로 다운로드 할 수 있습니다.)

N1

言語知識（文字・語彙・文法）・読解

（110分）

注　意
Notes

1. 試験が始まるまで、この問題用紙を開けないでください。
   Do not open this question booklet until the test begins.

2. この問題用紙を持って帰ることはできません。
   Do not take this question booklet with you after the test.

3. 受験番号と名前を下の欄に、受験票と同じように書いてください。
   Write your examinee registration number and name clearly in each box below as written on your test voucher.

4. この問題用紙は、全部で31ページあります。
   This question booklet has 31 pages.

5. 問題には解答番号の 1 、 2 、 3 … が付いています。
   解答は、解答用紙にある同じ番号のところにマークしてください。
   One of the row numbers 1 , 2 , 3 … is given for each question. Mark your answer in the same row of the answer sheet.

受験番号　Examinee Registration Number	
名　前　Name	

問題1　＿＿＿の言葉の読み方として最もよいものを、１・２・３・４から一つ選びなさい。

1　一時的に人気があったファッションも、数年で流行りが廃れてしまうことが多い。

　　1　こわれて　　　2　すたれて　　　3　だれて　　　　4　つがれて

2　今回の司法試験は相当難しかったらしく、合格者は半分以下だった。

　　1　あいとう　　　2　そうとう　　　3　あいてい　　　4　そうてい

3　子供たちは粘土を使って、動物や建物の模型を作った。

　　1　てんと　　　　2　てんど　　　　3　ねんと　　　　4　ねんど

4　この戦いに勝つことが、彼にとって避けられない宿命だった。

　　1　しゅくみょう　2　しゅくめい　　3　やどみょう　　4　やどめい

5　家族たちが料理に飽きないように、毎回新しいレシピで工夫を凝らしている。

　　1　こらして　　　2　さらして　　　3　じらして　　　4　ずらして

6　彼は運動神経が鈍い方なので、学生時代からスポーツをあまりしてこなかった。

　　1　おそい　　　　2　にぶい　　　　3　ぬるい　　　　4　ゆるい

問題2　（　　　）に入れるのに最もよいものを、1・2・3・4から一つ選びなさい。

7　彼は長年の練習で卓越した技術を（　　　）ことができた。

1　培う　　　　　2　養う　　　　　3　狙う　　　　　4　奪う

8　私の弟は持病のため、突然（　　　）を起こしてしまうことがまれにある。

1　発覚　　　　　2　発動　　　　　3　発足　　　　　4　発作

9　この投稿を多くの人に知ってもらうために、ぜひ（　　　）してください。

1　クリップ　　　2　クレーム　　　3　シェア　　　　4　ユーモア

10　夜になると、（　　　）と雪が降り積もる音が聞こえてきた。

1　しみじみ　　　2　しんしん　　　3　すくすく　　　4　すらすら

11　将来のことについて（　　　）とした不安を抱えている若者たちが多いだろう。

1　依然　　　　　2　厳然　　　　　3　漠然　　　　　4　歴然

12　彼は年齢を（　　　）、婚活イベントに参加していた。

1　偽って　　　　2　凝らして　　　3　催して　　　　4　覆して

13　これ以上連絡しないでほしいと言ったのに、彼は（　　　）電話をしてくる。

1　いやしく　　　2　すばしこく　　3　たやすく　　　4　しぶとく

問題3 _____の言葉に意味が最も近いものを、1・2・3・4から一つ選びなさい。

14 この古い建造物が再開発プロジェクトの進行において大きなネックになっている。

　1　足かせになっている　　　　　　　2　腕を振るっている

　3　目を見張っている　　　　　　　　4　頭に来ている

15 くしくも彼と同じ日に同じ場所で出会うことになった。

　1　惜しくも　　　　　　　　　　　　2　不思議なことに

　3　悔しいことに　　　　　　　　　　4　悲しげに

16 彼はかたくなな態度を崩さず、自分の意見を曲げようとしない。

　1　傲慢な　　　　2　優柔不断な　　　3　頑固な　　　　4　謙遜している

17 朝早く起きれば、出勤前に少しゆとりを持って過ごせる。

　1　見合わせ　　　2　延滞　　　　　　3　猶予　　　　　4　余裕

18 雷の音におびえて、小さな子供が泣き出してしまった。

　1　おどろいて　　2　こわがって　　　3　ふるえて　　　4　つかれて

19 失敗しても自尊心を失わず、次に向けて努力を続けた。

　1　オマージュ　　2　チャレンジ　　　3　プライド　　　4　リスペクト

問題4　次の言葉の使い方として最もよいものを、1・2・3・4から一つ選びなさい。

20 淘汰

1　彼らは勝利に淘汰して、夜通し酒を飲みながら踊った。

2　今週末、家にある淘汰なものを選別し処分しようと思う。

3　激しい競争の中で、多くの企業が淘汰されていった。

4　かつて恐竜は地球全体の気候変動により自然に淘汰したという。

21 過密

1　大都市の過密さに慣れていない彼は、すぐに疲れてしまった。

2　シーズンオフになった商品が、かなり大量の在庫過密となっています。

3　今お話した内容はどうかここだけの話として、過密にしておいてください。

4　いくら健康のためとはいえ、過密な運動はかえって体によくない。

22 はなはだしい

1　私の妻は愛想がよさそうに見えて、けっこうはなはだしいところがある。

2　この地域は先月の大型台風のためにはなはだしい損害をこうむった。

3　あの社長ははなはだしいやり方で金もうけをしたことで業界内で有名だ。

4　先日の論争では相手の無礼な発言にはなはだしい思いをした。

23 見失う

1　せっかく手伝ってもらっているのに、人を見失ったような態度を取るのはよくない。

2　彼はそれまでの不行跡がたたって、身内からも見失われたとのことだ。

3　あなたがあんなひどいことをするなんて、見失った。

4　人ごみで混雑した新宿駅の構内で友人を見失ってしまった。

24 ブランク

1　彼はいつ会ってもブランクな態度で接してくれてありがたい。

2　長いブランクがあったが、彼は再びプロの舞台に戻った。

3　近所の公園にあるブランクが壊れてしまったようだ。

4　寒いようでしたら、ブランクをお持ちしましょうか。

25 円滑

1 取引先との交渉はお互いの妥協によって円滑に進んだ。

2 田中さん夫妻の夫婦仲は非常に円滑だ。

3 駅前にある円滑の建物は18世紀に建てられた。

4 会議が円滑して進んだおかげで、予定より早く終えることができた。

問題5　次の文の（　　　）に入れるのに最もよいものを、1・2・3・4から一つ選びなさい。

26　この古い時計は壊れているけれど、針だけは動き（　　　）する。

1　が　　　　　2　の　　　　　3　は　　　　　4　を

27　彼は事故の知らせを聞く（　　　）、急いで病院へ向かった。

1　なり　　　　2　いなや　　　3　次第に　　　4　とたん

28　先方の社長が弊社に（　　　）の際には、全員でお迎えしましょう。

1　お越し　　　2　お伺い　　　3　おいでになり　4　拝見

29　彼は大学に通う（　　　）、アルバイトで生活費を稼いでいる。

1　かたわら　　2　がてら　　　3　かたがた　　　4　つつ

30　彼は全てを知っている（　　　）、自信満々に話し続けた。

1　そうに　　　2　かのごとく　3　んばかりに　　4　ことに

31　今度の試合では必ず（　　　）から、応援していてほしい。

1　勝ってみえる　　　　　　　　2　勝ってみせる
3　勝ってみられる　　　　　　　4　勝ってみよう

32　彼は些細なことであっても、物事を大げさに捉える（　　　）。

1　いかんがある　　　　　　　　2　いかんによる
3　きらいがある　　　　　　　　4　きらいによる

33　その件については、別の部署の管轄でございますので、私の判断では（　　　）。

1　お答えになりかねます　　　　2　お答えになりかねません
3　お答えしかねます　　　　　　4　お答えしかねません

34 A「今回の試合、白熱（はくねつ）してましたね。特に、ＭＶＰを獲った選手が素敵でした。」

B「そうですね。彼の存在がチームの勝利に不可欠だった（　　　）。」

1　といわずにはすまないんじゃないかな

2　といわさせずにはおかないと思います

3　といっても過言ではないでしょうね

4　というのは過言になるんじゃないでしょうか

35 最近は仕事に育児に精一杯（せいいっぱい）で、（　　　）、近所の公園に行く時間さえないんですよ。

1　旅行をものともせずに　　　　2　旅行ならいざしらず

3　旅行するだけましで　　　　　4　旅行はおろか

問題6　次の文の＿★＿に入る最もよいものを、1・2・3・4から一つ選びなさい。

（問題例）

　　　　あそこで ＿＿＿＿ ＿＿＿ ＿★＿ ＿＿＿ は私の姉です。

　　　　1　手　　　　2　振っている　　　3　を　　　　　4　人

（解答のしかた）

　1.　正しい文はこうです。

┌───┐
│　　　あそこで ＿＿＿ ＿＿＿ ＿★＿ ＿＿＿ は私の姉です。　　　│
│　　　　　　1　手　　3　を　　2　振っている　　4　人　　　　│
└───┘

　2.　＿★＿に入る番号を解答用紙にマークします。

　　　　　　　　　　（解答用紙）　│　(例)　① ● ③ ④ │

36　私は ＿＿＿ ＿＿＿ ＿★＿ ＿＿＿、結局夜明けまで画面の前に座り続けてし
まうことがよくある。

　1　最後　　　　　　　　　　　　2　ゲームを始めたが

　3　夢中になり　　　　　　　　　4　時間を忘れるほど

37　＿＿＿ ＿＿＿ ＿★＿ ＿＿＿、それでも成功する可能性を高めるためには何
でもいいからまずは行動することが大切だ。

　1　必ず成功する　　2　でもないが　　3　努力すれば　　4　というもの

38 彼は専門的な話題を初心者でも理解できるように、いつも言葉を選んで話してくれる。_____ _____ ★ _____、その説明の分かりやすさには誰もが感心せざるを得ない。

　1　彼の　　　　　　　　　　　　　2　さることながら
　3　知識の深さも　　　　　　　　　4　持つ

39 今日の _____ _____ ★ _____ だが、その2時間をいかに集中して過ごすかが重要だ。

　1　2時間と　　　2　せいぜい　　　3　いったところ　4　勉強時間は

40 _____ ★ _____ _____ こんな初歩的なミスをするとは思わなかった。

　1　いざしらず　2　なら　　　　3　大人が　　　　4　子ども

問題7　次の文章を読んで、文章全体の趣旨を踏まえて、　41　から　44　の中に入る最もよいものを、1・2・3・4から一つ選びなさい。

以下はあるコラムニストが書いた文章である。

忘れ物

　日常生活において、忘れ物は誰にでもやってしまう可能性のある小さなミスだ。しかし、忘れた物そのものよりも、それに伴うエピソードの方が人の心に深く　41　。例えば、朝の忙しい時間に財布を忘れて家を飛び出した瞬間、閉じられたドアの向こう側に気付く。その一瞬の「しまった！」という感覚は、何度経験しても新鮮な驚きとして私たちに刻まれる。

　忘れ物は物　42　。約束を忘れる、感謝の言葉を伝えるのを忘れる、あるいは自分の大切な夢を忘れてしまう。こうした「忘れ物」は、時として物理的な忘れ物以上により深い意味をもたらすことがあるのかもしれない。大切な人との関係を見直すきっかけ　43　、自分自身の生き方を振り返る機会にもなる。忘れたことに気付き、それを取り戻そうとする過程には、思いがけない成長が待っているものだ。

　また、忘れ物は時として、私たちに新たな発見をさせてくれることもある。たとえば、出かける際に傘を忘れ、雨の中で予想外の景色や匂いに触れる瞬間。それは、　44　感覚を取り戻す貴重な機会となる。忘れることで得られるものもあるという、この皮肉めいた事実が、忘れ物の不思議な魅力ではないだろうか。

　私たちは日々、多くのものを抱えながら生きている。だからこそ、忘れることも避けられないのだろう。ただ、忘れ物をきっかけに、改めて今自分にとって本当に大切なものは何かを見つめ直すことができる。そのような「忘れ物」が私たちに教えてくれるのは、時に手放すことの大切さであり、またその先にある新しい出会いへの期待ともいえるかもしれない。忘れることで得られるものもまた、人生の彩りなのかもしれない。

41

    1   残ることがある   2   残るわけではない

    3   残らずにいられるだろうか   4   残してしまったものだ

42

    1   によるところが大きい   2   さえあればいいのだ

    3   だけに限らない   4   次第だといえよう

43

    1   をものともせずに   2   となることもあれば

    3   にひきかえ   4   には及ばないが

44

    1   忙しい日々では失われても致し方ない

    2   忙しいといえども失うことない

    3   忙しいときには失うまでもない

    4   忙しい日々の中で失われがちな

問題8　次の(1)から(4)の文章を読んで、後の問いに対する答えとして最もよいもの
　　　を、1・2・3・4から一つ選びなさい。

(1)

　日本庭園を見れば、長い歴史の中で発展してきた独自の美意識を感じ取ることができ
ます。庭園の設計において、石や水、植物、そして空間をどう使っているかを理解すれ
ば、その奥深さに驚くことでしょう。特に、石は庭園の骨格を形成するもので、形や
大きさ、色合いはもちろん、配置場所によっても、庭園全体の印象が大きく変わるの
です。

　また、日本庭園には「借景」と呼ばれる造園法があります。これは、庭園の外の風景
をあたかも庭園の一部であるかのように取り込むことで、広がりや奥行きを演出するも
のです。山々や海、あるいは近くの建物や木々などが、庭の一部として計算されたうえ
で配置されるのです。

45　筆者の考えに合うのはどれか。

　1　日本庭園の視覚的な印象をよくするために、現在でも研究が進んでいる。

　2　日本庭園に込められた哲学を理解できなければ、楽しめない。

　3　自ら日本庭園を設計することで日本文化の奥深さを感じ取ることができる。

　4　日本庭園は自然との関係性を深く考察した空間ともいえる。

(2)

社会において、「自由」と「規律」はしばしば対立する概念として認識されがちです。しかし、実際のところ、これらは本当に相反するものなのでしょうか。

一般的に社会的規範は、個人の自由を制約する側面を持ちますが、一方で、全体としての安全や平和を守るためにも機能しています。これはあくまでも全体の利益にかない、個人の自由を過度に侵害しないように配慮されたうえでの話です。つまり、自由と規律の均衡を保つことこそが、個人と社会が共に健全に発展するための鍵となるでしょう。

46 筆者は、自由と規律についてどのように考えているか。

1 自由と規律は社会学的に対立する概念であるため、相容れることが容易ではない。

2 社会が健全に発展していくためにも、個人が持つ自由に制限をかけない方がよい。

3 規律が過度に強調されると、個々人の自主性が失われる可能性がある。

4 他者との摩擦を軽減するためには、規律をより厳格にする必要があるといえる。

(3)

　詰め込み型学習の限界は、現代社会の急速な変化によってさらに顕著になっている。今後ますます必要とされるのは、自ら考え、適応し、新しい価値を生み出す力である。しかし、こうした能力は、教室での一方的な授業や短期間での暗記学習では身につかない。生徒が自ら課題を見つけ、その解決方法を模索する過程をより重視する探究型学習を追求するべきである。何を学んだかよりも、自分の学びが社会にどのように役立つかを実感することに焦点をあてる方が、将来的にも望ましいのではないか。

47　筆者は、最近の教育についてどのように考えているか。

　1　単なる知識の暗記だけでは、問題解決能力や創造力といった本質的な力が育まれにくい。

　2　生徒一人ひとりの学習進度に応じた柔軟な対応が、自主性や協調性の発揮につながる。

　3　詰め込み型学習と探究型学習をバランスよく組み合わせることが理想的である。

　4　生徒が与えられた情報を受け身で覚えるだけでは、創意性が低下するだけである。

(4)

　ポジティブ心理学において、幸福には「快楽的幸福」と「持続的幸福」の二つの側面があるとされています。前者は、日々の生活で感じる喜びや楽しさなど、一時的な感情の次元です。一方、後者は自分が人生において意味や目的を感じることで得られる、より持続的な幸福感を指します。これを感じるためには、単に自分の欲求を満たすだけではなく、他者とのつながりを深め、共通の目標に向かう過程が必要です。その過程は容易ではありませんが、こうした活動を通じて、人々は自分自身の存在価値を確認し、より深い幸福感を得ることができるのです。

48　筆者は、持続的幸福を感じるためには、例えばどんな経験が必要だと考えているか。

　　1　一瞬の感情でも見逃さず、日々のポジティブな感情を記した経験

　　2　意義ある活動に集中して、目標達成にこだわった経験

　　3　他者への貢献を通じて、困難を乗り越えた経験

　　4　過程自体を楽しみ、毎日些細（ささい）な喜びを感じた経験

問題9　次の(1)から(4)の文章を読んで、後の問いに対する答えとして最もよいもの
　　　を、1・2・3・4から一つ選びなさい。

(1)

　ある秋の夕暮れ、友人と神社を訪れた際、境内にたたずむ苔むした石灯籠を眺めなが
ら「この苔、フラクタルみたいだな」とつい口にしてしまった。すると友人は笑って、
「そんな用語はここの雰囲気に合わないよ」と返してきた。その言葉に、私は思わず立
ち止まって考えた。フラクタルとは、全体をいくつかの部分に分解していった時に全体
と同じ形が再現されていく構造のことをいう。私はこれが自然の中でも多く観察される
と聞いた覚えがあり、まさにこの苔がそうではないかという考えがふとよぎり、言った
のだ。

　数学において、複雑な現象を理解するためには、それを抽象化し、理論的に整理する
ことが求められる。苔むした石の表面をフラクタル構造として見ることで、その複雑さ
を数学的に説明しようとした私のようにだ。

　数学的に思考する際には、単純さや対称性といった側面に焦点を当てる傾向がある。
ところが、自然の美しさは必ずしも単純ではなく、むしろその混沌とした複雑さや、予
測不可能な変化にこそ本質が宿っていることが多い。苔の広がりや石の表面の模様も、
無数の偶然と環境の変化の積み重ねの結果である。たとえこれが本当にフラクタル構造
で説明できたといえ、はたしてそう呼んでいいのだろうか。私はもう一度石灯籠を眺め
ながら、それまでの思考を少し手放し、自然が持つ無限の表情に心を開いてみようと
思った。

（注）苔むした石灯籠：苔が生えるほど古くなった、石で作られた照明用具

49 筆者は、友人の反応についてどのように考えたか。

1 自分の思考水準が友達より高すぎると悟った。

2 自分の考えが不自然なのかもしれないと気づいた。

3 自分の言葉が部分的には正しいということを確認した。

4 なぜ自分の意見に反対するのか理解できなかった。

50 この文章で筆者が言いたいことは何か。

1 複雑な現象を理解するためには、時間をかけて観察することが大切だ。

2 複雑な構造を観察する際にはフラクタルの考え方を使うとよい。

3 自然の美しさとは、多くが混沌としていて予測不可能なものだ。

4 理論は脇に置き、ありのままを感じ取ることを実践したい。

(2)

　私たちの知覚や思考は、生きる時代や環境に依存して形成される。そこで私たちが「世界」を理解しようとする際に、その認識は制約を受けることがある。現代社会において、この背景には間違いなく情報技術の進歩があると思う。私たちはかつてないほど多くの情報にアクセスできるようになったが、それが逆に色眼鏡を強化することもある。膨大な情報の中から自分にとって都合の良い情報だけを選び取ることが容易になり、結果として「世界」を断片的かつ狭い視野でしか捉えられなくなってしまうのだ。

　もちろん、環境が急速に変化する中で世界を知ることがますます難しくなっていると実感する人も増えている。情報の過剰供給により、どの情報が核心であるかを見極めるのが難しく、また情報が次々と更新されるために、一貫した理解を持ち続けることが困難になっている。世界の輪郭がぼやけ、確固たる真実が霧の中に消えていく。私たちは、何を知り、何を信じるべきかを見失いつつある。

　その中で私たちは、自分の認識の限界を謙虚に受け入れ、それを出発点とすることが求められる。自分が見ている「世界」があくまで一側面に過ぎないことを認識し、異なる視点を積極的に取り入れることで、より多角的な理解が可能になるだろう。また、膨大な情報の中から、どの情報が本質的であり、どれが一時的なものかを見極める力を養うことも重要である。正しい道を目指すのもいいが、自分が正しい道を進んでいると確信するその時が、一番危ないのかもしれない。

51 色眼鏡を強化するとはどういう意味か。

1 認識や判断は時代や環境によって大きく影響される。

2 異なる視点や価値観を積極的に取り入れようとする。

3 特定の意見にだけ囲まれることが、更なる認識の歪みを助長する。

4 社会的な価値観が支配する中で育った人々は信念が薄くなる。

52 筆者は、「世界を知る力」を高めるためにできることは何だと考えているか。

1 どのような意見も信憑性を疑わずに受け入れること

2 情報に対する多角的なアプローチを追求すること

3 情報の出所や意図にとらわれないようにすること

4 自分独自の枠組みに基づいて世界を理解すること

(3)

　デジタルアートの最大の特徴は、物理的な形態を持たないため、無限に複製可能である点だ。この特性は、従来のアートの独自性や希少性といった価値基準を覆すものであり、デジタル領域における価値を再構築する必要まで出てくる。一方、近年登場したＮＦＴはデジタルアートの所有権を証明する手段として登場し、アート市場における“唯一無二”性を強調する。

　ＮＦＴとは、デジタルデータに識別子を持たせ、その所有権や取引履歴が透明に保たれるようにしたもので、非代替性トークンとも呼ばれている。これらの技術は、芸術作品の創造、流通、そして所有の概念を根本から変える可能性を秘めており、その影響は単なる技術的な変化にとどまらない。

　なによりも、デジタルアートやＮＦＴの普及により、芸術家と観客との関係が変化しつつある。従来、アートは物理的な展示スペースを通じて人々に届けられたが、デジタルアートではネット上で直接販売することが可能となる。アーティストにとっては新たな表現の場を提供できるようになったともいえるが、その価値が時に市場の投機的動向に左右されることがあるため、実際の芸術的価値とは必ずしも一致しない可能性もある。このような側面がアート市場で強調されるとなると、芸術的な純粋さはどこで追い求めればいいのだろうか。デジタル特有の価値も尊重するべきではあるが、ここでひとつ考え直す必要があるのではないだろうか。

（注１）識別子：特定の対象を他と区別するための名前や記号
（注２）投機的：不確実で冒険的だが機会をとらえて利得しようとするさま

53 筆者によると、ＮＦＴが登場した背景は何か。

1 芸術品の値段と本来の価値が一致しないことが増えたため

2 デジタルデータを固有のものとして価値を証明するため

3 アートの価値を決める基準が明確でなくなってきたため

4 価値あるアートを無限に複製することを可能にするため

54 デジタルアートについて、筆者が最も言いたいことは何か。

1 ＮＦＴを駆使し、芸術の本質や価値観が損なわれないようにする必要がある。

2 芸術作品の本来の価値を評価できる仕組みを構築する必要がある。

3 ＮＦＴの倫理的な問題について深く考慮し、技術的革新を阻止する必要がある。

4 アートの価値基準が変わる中で、芸術的な純粋さや創造性を再考する必要がある。

(4)

　近代日本の家族像は、「家制度」を中心に構築されていた。明治時代の民法によって定められたこの制度では、家族は家長を中心にまとまり、家の維持が最優先とされた。結婚や継承は個人の意志よりも家の利益を重んじるものだった。そのため、個人よりも「家」という単位が強調され、家族のあり方は社会的にも固定化されていたと言える。この時代の家族は、農村での共同体の一員として、また都市では近代化の象徴として機能していた。

　戦後の日本社会は、家族のあり方を大きく変化させた。家制度は廃止され、核家族化が進んだ。高度経済成長期には、都市への人口集中とともに、親子が一緒に暮らす「標準家族」のモデルが定着した。この新しい家族像は、経済的豊かさを象徴し、テレビドラマや広告に描かれる理想的な姿として人々の心に浸透した。しかし、この時代からすでに、女性の社会進出や価値観の多様化によって、家族の形は一様ではなくなりつつあった。

　令和に入って、日本の家族はさらに多様化しているといえるだろう。一人暮らしや共働き世帯の増加、シングルマザー・シングルファーザー家庭、ジェンダーレスカップルなど、多様な家族形態が共存する社会となった。また、高齢化社会の進行により、子どもと離れて暮らす高齢者世帯や介護を担う家族の問題も深刻化している。このような状況の中で、「家族」の定義そのものが再考される時代に突入しているのだ。

55 筆者によると、近代日本の家族像にはどのような特徴があるか。

1 個人の考えよりも家族自体の利益が優先されていた。

2 法律的にも社会的にも家族の理想的な姿が定められていた。

3 家制度においては父親の存在が絶対的な存在として考えられていた。

4 近代化によって都市では自由な家族像が広がった。

56 家族のあり方について、筆者が最も言いたいことは何か。

1 親子が一緒に暮らす標準家族のモデルを取り戻さなくてはならない。

2 女性の社会進出や価値観の多様化を促進し、家族モデルがさらに多様化することが望ましい。

3 家族モデルが多様化する中で、家族の定義自体を見直される段階に来ている。

4 高齢者世帯やその介護を手伝う家族が増えている問題を解決していく必要がある。

問題10　次の文章を読んで、後の問いに対する答えとして最もよいものを、1・2・3・4から一つ選びなさい。

　自分という存在を考えるとき、その根には何があるのだろうか。「自分」と呼んでいるもの、それはただの肉体だけでなく、感情や記憶、経験が幾重にも織りなす、まるで複雑な織物のようなものだ。でも、その織物は、時間や環境に合わせて絶えず形を変えていく。

　人と関わる中で、人は自分が何者であるかを知ろうとする。家族や友人、社会との関係を通じ、鏡を覗くように自分を理解しようとするが、その鏡に映る姿が本当の自分なのかはわからない。結局、他人の目を通して作られた自分像は、実際のものとは違っているかもしれないのだ。そう考えると、自分というものはいつも再構築されるもので、その本質を掴むのはそう簡単なことではない。それに、時間という存在もまた、自己認識に深く関わってくる。過去の記憶が今の自分を作り、未来への期待や不安が今の行動に影響を与える。川の流れがいつも変わり続けるように、自分という存在も時間の中で常に変わり続けるのだ。それなのに、人は<u>そこのところを勘違いしてしまい</u>、そこに矛盾や葛藤が生まれるのだろう。
①

　意識と無意識の交錯はさらにやっかいだ。無意識に蓄積された経験や感情が、知らず知らずのうちに自分の深層に影響を与え続けている。これでは、自分自身を完全に理解するなど、所詮無理な話なのかもしれない。自分を理解しようとする試みは、いつも不完全で終わる。そこで自分の限界に直面し、自己嫌悪に陥るかもしれない。しかし、自分を追い詰めているのは誰なのかも考えてみてほしい。やみくもに<u>これを求め続ける</u>のは特に意味がないのかもしれない。
②

　自分の限界を知ったからといって、それで終わりではない。むしろ、その限界を見つけたからこそ、次の段階が見えてくるのではないかと思う。私自身も、過去に何度も壁にぶつかってきた。実際には自分の思い込みとは大きく違ったことが何度もあった。時に、周りの期待に応えようと必死になっていたこともあった。しかしいつしか、それが本当の自分の望みでないと気づいたのだ。その時、自分自身がどれだけ他人の目を気にして生きてきたのかを痛感しながら、一体自分はどのように自己実現をしていきたいのか、結局いつものように堂々巡りをするのであった。

（注1）幾重：いくつかの重なり

（注2）交錯：いくつかのものがいりまじること

57　①そこのところを勘違いしてしまいとあるが、どう勘違いしてしまうのか。

1　自分を固定された存在だと思い込むこと

2　過去の自分と現在の自分は違うと感じること

3　他人の意見を無視してしまうこと

4　自分の存在の本質を疑ってしまうこと

58　②これとは何を指すか。

1　自分の限界を試そうとすること

2　無意識の領域が自己形成に影響していること

3　自分という存在に対する明確な答えを出すこと

4　完璧な自分を作ろうとすること

59　筆者は、意識と無意識をどのようなものだと考えているか。

1　他人から自身を切り離すことができる装置である。

2　本当の自分とは、どのような存在であるのか明確に指し示してくれる。

3　自らの限界を認める決定的なきっかけとなる。

4　自分を理解することをさらに複雑にする存在である。

問題11　次のＡとＢの文章を読んで、後の問いに対する答えとして最もよいものを、
　　　　１・２・３・４から一つ選びなさい。

A

　最近ではテレワークの導入が積極的に行われています。このような働き方改革は、労働者の肉体的な疲労のみならず、メンタル面での問題の改善にもつながります。長時間労働の常態化は、結果的に個々の生産性を低下させるだけでなく、職場全体の士気にも悪影響を及ぼします。実際、長期的な利益を見据えた働き方を目指すべきだといえます。時間と場所に縛られずに働くことや、定期的に休暇を確保することで、より仕事に対する意欲を保つことができるでしょう。

　しかし、働き方改革を制度として導入するだけでは不十分です。それだけでなく業務の進め方に対する価値観そのものを見直す必要があると思います。例えば、会社内でのコミュニケーションのあり方を見直すべきです。必要な情報だけを簡潔に伝達するという意識を全体が共有していなければ、テレワークの導入が形骸化してしまうかもしれません。また、従業員自身の意識改革も不可欠です。長時間労働を単に頑張りと評価する古い価値観を見直し、業務のオンとオフをしっかりと切り替えることが推奨される企業文化を作ることが求められるでしょう。

B

　働き方改革が進められる中で、その実効性については慎重に見極める必要があります。確かにテレワークやフレックスタイム制の導入は、理想的な働き方の実現につながり得ますが、それがすべての職種や業種で同様に適用できるわけでもありません。特に、製造業やサービス業のような現場作業が中心の職種では、テレワークの導入は現実的ではなく、職員が職場にいることが求められるため、柔軟な勤務形態を取り入れることが難しい場合があります。こうした現場では、働き方改革の恩恵を受けにくいという不公平感が生まれる可能性があります。

　また、限られた時間内で成果を出すために、逆に労働者に過度な心理的圧迫がかかることも懸念されます。特に中小企業では、人員や資源の制約が大きく、効率化のための投資が難しい場合が多いため、働き方改革の実現が困難な場合があります。さらに、企業によっては働き方改革の導入が形式的なものにとどまり、実質的な労働環境の改善が行われないケースも見受けられます。表面的には改革が進んでいるように見えても、根本的な問題が解決されなければ、かえって職場環境が悪化する可能性があるのです。

（注）形骸化：制度や行為などが本来の役割を失い、形だけの存在となること

60　働き方改革について、AとBの観点はどのようなものか。

　1　Aは現実的な課題について指摘し、Bは代替案を提示している。

　2　Aは肯定的な影響について述べ、Bは現状況での限界を指摘している。

　3　Aは長所と短所をそれぞれ提示し比べ、Bは全面的に反対している。

　4　Aは社会的背景について紹介し、Bは解決策を模索している。

61　理想的な働き方について、AとBはどのように述べているか。

　1　Aは勤務時間の短縮を課題として述べ、Bは企業の実情に基づいた柔軟な解決策が必要だと述べている。

　2　Aはすべて計画的に運用されるべきだと述べ、Bは企業の競争力向上につながるべきだと述べている。

　3　Aは職員が満足して働ける環境が大切だと述べ、Bは企業や労働者にとっても意味のある運用が必要だと述べている。

　4　Aは会社全体の活力を高めることが最優先だと述べ、Bは時に改革の必要性がなくなることがあると述べている。

問題12　次の文章を読んで、後の問いに対する答えとして最もよいものを、１・２・
　　　　３・４から一つ選びなさい。

　私は子どもの頃、毎晩のように祖母の話を聞いていた。祖母はいつも昔の村のこと
や、自分が経験してきた出来事について話してくれたが、幼い私はその話が時折退屈に
感じることもあった。しかし、大人になってから思い出してみると、その話がどれほど
貴重だったか、ようやく理解するようになった。

　ある日、祖母が話してくれたのは、若かった頃の戦後の村のことだった。当時、村に
は電気も十分に通っておらず、生活はとても厳しかったという。食べ物も限られてい
て、村の人たちは畑で作物を育てることでなんとか生活を支えていた。祖母は、子ども
だった頃、毎日家族とともに畑で汗を流し、日が暮れるまで働いていたと言った。だ
が、その生活が苦しかったとは感じていなかったという。「自然の中で生きることが当
たり前だったんだよ」と祖母は言っていた。私は当時その言葉が理解できなかった。現
代では、自然の恵みを直接感じることなく、便利な生活が当たり前になっている。そし
て現代では、すぐに結果が出ることを求められる時が多いが、昔の暮らしでは、決して
そんなことはなかった。祖母が野菜を育てていた時もそうだった。毎日少しずつ成長す
る様子を見て、水やりを続け、雑草を抜く作業を繰り返していた。子どもの私からすれ
ば、トマトやナスが色づくのを待つ時間は長く感じたが、祖母は「焦っちゃだめ。一番
おいしくなる時までお楽しみね」といつも言っていた。一連の流れがまさに生活の一部
として溶け込んでいたのだ。

　さらに祖母は、村で家を建てるときの話をしてくれた。新しい家を建てるとき、村中
の人々が手伝いに来て、材料を運び、壁を立て、屋根を作る。その過程で家族や友人、
近所の人たちが一体となり、一緒に汗を流す。その場には一切の見返りを求める人はい
なく、みんなが自然に協力し合っていたという。

　お返しという概念はその頃の村の人たちが当然のように共有していたものだったと言
う。何かを貰ったり、してもらったりすれば、自分も何かしなければならない義務が生
じる。しかしそれは決して誰かが決めたものではない。たとえお返しをしなかったとし
ても、とがめる人はいない。それなのに、当たり前のようにお返しをする。もしかする
と、村の人たちの関係を強く結んでいたのは、このような考え方なのかもしれない。

現代では技術が発展し、私たちは一見便利で独立した生活を送っているように見える。しかし、その裏には他者とのつながりが希薄になり、孤独を感じることが増えている現実がある。誰かに助けを求めることが、どこか恥ずかしいことや弱さの表れだと感じる風潮があるような気がするが、祖母の時代にはそのような感覚はなかったようだ。そこには自然と人とのつながり、そして人同士のつながりがあったのだ。現代の私たちは、そのつながりを失いつつあるのかもしれない。

62 この文章中で筆者は、昔の村の人々が自然をどのように受け入れていたと述べているか。

1 自然のリズムに合わせて暮らすことが当然のことである。

2 自然への感謝を常に忘れず、環境を壊さずに暮らすべきである。

3 自然の変化に一喜一憂することを大切にするべきである。

4 自然の流れに逆らわずに、自分の限界を受け入れることが大切だ。

63 祖母が育てた野菜の話は、次のどのような考えと結びついているか。

1 昔の時代には待つことの価値が今よりも大きかったということ

2 自然には誠意をもって取り組むべきであるということ

3 あきらめずに努力すればいつかは報われるということ

4 現代でも自然のありがたみを忘れてはいけないということ

64 この文章中で筆者が述べていることはどれか。

1 自然と共に生きることは、ただ作物を育てることだけでなく、それを村の人たちと分かち合うことを意味している。

2 何か困ったことがあれば誰かがすぐに手を差し伸べてくれることは、特別なことではなく日常の一部であった。

3 物に愛着を持ち、時間をかけて育てるようにして使っていた祖母たちの世代は、物を買い替えるのが当たり前になっている現代とは異なる。

4 昔の村では自然のなかで孤立しても、一人で生きていけるほどの生命力を小さい頃から備えていた。

問題13　右のページは、図書館が主催する「秋の朗読会」イベントの案内である。下の
　　　　問いに対する答えとして最もよいものを、１・２・３・４から一つ選びなさい。

65　次のうち朗読会に参加できるのは誰か。

1　当日に参加しようと決めた伊藤さん

2　図書館の近所に住んでいる小学生６年生の山田さん

3　幼稚園生の子供を連れた主婦の中島さん

4　図書館の会員ではない鈴木さん

66　大学生の田中さんは、朗読会に参加しようと思っている。田中さんが朗読会当日
　　にできることは何か。

1　図書館の駐車場に車を停める。

2　カウンターで直接申し込みをする。

3　作者から一枚ずつサインをもらう。

4　写真会で作者の一人と記念写真を撮る。

山の図書館　秋の朗読会

　今年も「秋の朗読会」を開催いたします。今回は、地元の著名作家・村田桜子氏による短編小説、そして詩人・久保田真氏の最新詩集の中から、特に選りすぐった作品をプロの朗読家が読み上げます。朗読会の後には、作家自身によるトークセッションやサイン会など、貴重な時間も設けております。秋の夜長、心に残る文学のひとときをぜひお楽しみください。

開催日時：10月13日（日）18:00〜21:00
場所：山の図書館　3階イベントホール（県庁前駅より徒歩10分）
対象：中学生以上（※小学生以下のお子様のご参加とご同伴は何卒ご遠慮ください。）
定員：50名（先着順）
参加費：無料（要予約）
応募方法：山の図書館ウェブサイト（https://www.yamano-library.jp）よりオンライン申し込み。
　　　　　　または、図書館カウンターにて直接申し込み。
　　　　　　（※お電話での申し込みは受け付けておりませんので、予めご了承ください。）
応募期間：9月1日〜9月30日

プログラム：
18:00〜18:05　開会の挨拶
18:05〜18:40　第一部：短編小説「秋の風景」（朗読：大山隆一）
18:40〜19:00　第二部：詩「秋風に寄せて」（朗読：森川綾）
19:00〜19:30　作家トークセッション（村田桜子、久保田真）
19:30〜20:30　サイン会
20:30〜21:00　閉会の挨拶

朗読作品の概要：
短編小説「秋の風景」：村田桜子氏の新作。山の小さな町での、季節の移ろいと共に変わりゆく家族の絆を描く心温まる物語。秋の紅葉を背景に、亡き祖母の記憶と過去の思い出が描かれます。
詩「秋風に寄せて」：久保田真氏の最新詩集から抜粋。秋風に吹かれながら歩む人々の姿を通して、人間の孤独と希望、そして再生を象徴的に表現しています。

注意事項：
当イベントホールでの録音、動画撮影および写真撮影は禁止されています。
駐車場には限りがございますので、なるべく公共交通機関のご利用をお願いします。なお、県庁前駅からは徒歩10分程度でお越しいただけます。
サイン会ではお一人様1冊までとさせていただきます。時間に限りがあるため、全員がサインをもらえるとは限りませんので、予めご了承ください。

お問い合わせ先：山の図書館　文化課イベント係
　　　　　　　　電話：03-9876-5432（平日9:00〜17:00）

N1

聴解

（55分）

注　意
Notes

1. 試験が始まるまで、この問題用紙を開けないでください。
   Do not open this question booklet until the test begins.

2. この問題用紙を持って帰ることはできません。
   Do not take this question booklet with you after the test.

3. 受験番号と名前を下の欄に、受験票と同じように書いてください。
   Write your examinee registration number and name clearly in each box below as written on your test voucher.

4. この問題用紙は、全部で13ページあります。
   This question booklet has 13 pages.

5. この問題用紙にメモをとってもかまいません。
   You may make notes in this question booklet.

受験番号　Examinee Registration Number	
名　前　Name	

もんだい
問題1

問題1では、まず質問を聞いてください。それから話を聞いて、問題用紙の1から4の中から、最もよいものを一つ選んでください。

れい
例

1　旅行日を決める

2　行き先を相談する

3　車を借りる

4　泊まる場所を見つける

1番
ばん

1　データの再分析をする
さいぶんせき

2　結論の過程を比較する
けつろん　か てい　ひ かく

3　レポートをメールで提出する
ていしゅつ

4　レポートの結論の内容を増やす
けつろん　ないよう　ふ

2番
ばん

1　疲れていない日だけ運動する
つか　　　ひ　うんどう

2　やる気がなくてもできるだけ運動する
き　　　　　　　　　うんどう

3　運動する時間を減らす
うんどう　じ かん　へ

4　具体的な目標を立ててみる
ぐ たいてき　もくひょう　た

3番

1 スライドを完成させる

2 鏡の前で発表の練習をする

3 発表の流れを紙に整理する

4 事前に質問を作成しておく

4番

1 予算を交渉する

2 資料を提出しに行く

3 外部へ連絡をする

4 追加資料を探しに行く

5番

1 市場に買い物に行く

2 野菜の状態を確認する

3 お昼のメニューを変更する

4 野菜業者に交換をお願いする

もんだい
問題2

問題2では、まず質問を聞いてください。そのあと、問題用紙のせんたくしを読んでください。読む時間があります。それから話を聞いて、問題用紙の1から4の中から、最もよいものを一つ選んでください。

れい
例

1 頼まれたことをきちんとできなかったから

2 業務時間に同僚とおしゃべりしていたから

3 上司の質問にちゃんと答えられなかったから

4 上司にきちんと謝らなかったから

1番

1　夜は傘を持って出かける

2　日差し対策をする

3　朝晩に暖かい格好をする

4　朝晩も昼間も厚着をする

2番

1　山本さんのせいで実績が出ないこと

2　山本さんが直接話してくれないこと

3　メンバーが意見を出してくれないこと

4　山本さんと他のメンバーの仲が悪いこと

3番

1 するべきことを思い出しやすいから

2 なくしたとしても特に問題がないから

3 ペンで手書きすることが好きだから

4 記録することが多いから

4番

1 店内に新しいモデルをたくさん置く

2 古い洗濯機より価格を安くする

3 店内で洗濯機の実演販売を行う

4 エネルギー効率をさらによくする

5番
<ruby>ばん<rt></rt></ruby>

1 <ruby>映像<rt>えいぞう</rt></ruby>の<ruby>美<rt>うつく</rt></ruby>しさ

2 <ruby>感情<rt>かんじょう</rt></ruby>を<ruby>抑<rt>おさ</rt></ruby>えた<ruby>台詞<rt>せりふ</rt></ruby>

3 <ruby>登場人物<rt>とうじょうじんぶつ</rt></ruby>の<ruby>性格<rt>せいかく</rt></ruby>

4 <ruby>感動的<rt>かんどうてき</rt></ruby>な<ruby>話<rt>はなし</rt></ruby>の<ruby>展開<rt>てんかい</rt></ruby>

6番

1 <ruby>家庭<rt>かてい</rt></ruby>ごとの<ruby>状況<rt>じょうきょう</rt></ruby>を<ruby>考<rt>かんが</rt></ruby>えること

2 <ruby>旬<rt>しゅん</rt></ruby>の<ruby>食材<rt>しょくざい</rt></ruby>を<ruby>使<rt>つか</rt></ruby>うこと

3 すべての<ruby>栄養素<rt>えいようそ</rt></ruby>を<ruby>含<rt>ふく</rt></ruby>むこと

4 <ruby>家<rt>いえ</rt></ruby>で<ruby>手軽<rt>てがる</rt></ruby>に<ruby>作<rt>つく</rt></ruby>れること

もんだい
問題3

問題3では、問題用紙に何も印刷されていません。この問題は、全体としてどんな内容かを聞く問題です。話の前に質問はありません。まず話を聞いてください。それから、質問とせんたくしを聞いて、1から4の中から、最もよいものを一つ選んでください。

- メモ -

もんだい
問題4

　問題4では、問題用紙に何も印刷されていません。まず文を聞いてください。それから、それに対する返事を聞いて、1から3の中から、最もよいものを一つ選んでください。

－ メモ －

もんだい
問題5

問題5では、長めの話を聞きます。この問題には練習はありません。

問題用紙にメモをとってもかまいません。

1番

問題用紙に何も印刷されていません。まず話を聞いてください。それから、質問とせんたくしを聞いて、1から4の中から、最もよいものを一つ選んでください。

－ メモ －

2番
<ruby>番<rt>ばん</rt></ruby>

まず<ruby>話<rt>はなし</rt></ruby>を<ruby>聞<rt>き</rt></ruby>いてください。それから、<ruby>二<rt>ふた</rt></ruby>つの<ruby>質問<rt>しつもん</rt></ruby>を<ruby>聞<rt>き</rt></ruby>いて、それぞれ<ruby>問題用紙<rt>もんだいようし</rt></ruby>の 1 か

ら 4 の<ruby>中<rt>なか</rt></ruby>から、<ruby>最<rt>もっと</rt></ruby>もよいものを<ruby>一<rt>ひと</rt></ruby>つ<ruby>選<rt>えら</rt></ruby>んでください。

質問 1
<ruby>質問<rt>しつもん</rt></ruby>

1 みらい<ruby>動物園<rt>どうぶつえん</rt></ruby>

2 ひろば<ruby>公園<rt>こうえん</rt></ruby>

3 スペース<ruby>科学館<rt>かがくかん</rt></ruby>

4 マジックパーク

質問 2
<ruby>質問<rt>しつもん</rt></ruby>

1 みらい<ruby>動物園<rt>どうぶつえん</rt></ruby>

2 ひろば<ruby>公園<rt>こうえん</rt></ruby>

3 スペース<ruby>科学館<rt>かがくかん</rt></ruby>

4 マジックパーク

정답 186쪽 ▶

03회

모의고사

청해 듣기

TEST 03

준비 다 되셨나요?

1. HB연필 또는 샤프, 지우개를 준비하셨나요?

2. 답안용지는 본책 219쪽에 수록되어 있습니다. 두 장을 잘라 각 영역에 맞게 답을 기입하세요.

3. 청해 영역을 풀 때는 QR코드를 스캔해서 듣기 파일을 준비해 주세요.
   (청해 파일은 맛있는북스 홈페이지(www.booksJRC.com)에서도 무료로 다운로드 할 수 있습니다.)

N1

言語知識（文字・語彙・文法）・読解

（110分）

注　意
Notes

1. 試験が始まるまで、この問題用紙を開けないでください。
   Do not open this question booklet until the test begins.

2. この問題用紙を持って帰ることはできません。
   Do not take this question booklet with you after the test.

3. 受験番号と名前を下の欄に、受験票と同じように書いてください。
   Write your examinee registration number and name clearly in each box below as written on your test voucher.

4. この問題用紙は、全部で33ページあります。
   This question booklet has 33 pages.

5. 問題には解答番号の 1 、2 、3 … が付いています。
   解答は、解答用紙にある同じ番号のところにマークしてください。
   One of the row numbers 1 , 2 , 3 … is given for each question. Mark your answer in the same row of the answer sheet.

受験番号　Examinee Registration Number	
名　前　Name	

問題1 ＿＿＿の言葉の読み方として最もよいものを、１・２・３・４から一つ選びな
さい。

1 大学院に進学するか就職するか、彼の人生の分岐点となる重要な選択だった。

1 ふんきてん　　2 ぶんきてん　　3 ふんぎてん　　4 ぶんぎてん

2 この坂道は緩やかなので、自転車でも楽に登れるだろう。

1 おだやか　　2 しなやか　　3 すこやか　　4 ゆるやか

3 彼の週末はたいてい会議のせいで潰れてしまうらしい。

1 あきれて　　2 そびれて　　3 つぶれて　　4 ねじれて

4 大型車同士の衝突事故で、付近の交通が一時的に停止した。

1 しょとつ　　2 しょうとつ　　3 ちょとつ　　4 ちょうとつ

5 昨夜の豪雨で、川が氾濫してしまった。

1 こうう　　2 ごうう　　3 ほう　　4 ほおう

6 彼女は繊細な感性を持っていて、いつも人の気持ちに気づいてくれる。

1 せんさい　　2 せんせい　　3 てんさい　　4 てんせい

問題2 （　　　）に入れるのに最もよいものを、1・2・3・4から一つ選びなさい。

7 都市の再開発においては、初期段階で計画を慎重に（　　　）することが必要だ。

　　1　吟味　　　　　2　却下　　　　　3　偽証　　　　　4　供述

8 彼の（　　　）がはずれ、会社は予想以上の営業損失を被った。

　　1　手本　　　　　2　足掛かり　　　3　目論見　　　　4　耳打ち

9 現代日本の都会と田舎では、生活習慣や価値観に大きな（　　　）があるだろう。

　　1　当たり　　　　2　隔たり　　　　3　祟り　　　　　4　世渡り

10 時間に（　　　）な彼は、いつも約束に遅れてくる。

　　1　イージー　　　2　スロー　　　　3　ライト　　　　4　ルーズ

11 彼はその瞬間（　　　）怒鳴った。

　　1　かっとなって　　　　　　　　　2　ぐっときて

　　3　しゅんとして　　　　　　　　　4　にやついて

12 このコートは（　　　）が高く、真冬でも暖かく過ごせる。

　　1　補完性　　　　2　保温性　　　　3　耐熱性　　　　4　普遍性

13 そんなちっぽけなことでいつまでも（　　　）なよ。

　　1　おいしげる　　2　しょげる　　　3　たいらげる　　4　もたげる

問題3　_____の言葉に意味が最も近いものを、１・２・３・４から一つ選びなさい。

14　彼は毎日自分に課せられた<u>ノルマ</u>を確実にこなしている。

　　１　目先　　　　　２　目印　　　　　３　目的　　　　　４　目標

15　友人の何気ない一言に<u>かちんと来て</u>しまった。

　　１　悲しんで　　　２　怒って　　　　３　喜んで　　　　４　感動して

16　<u>ひょんなことから</u>海外で働くチャンスを得た。

　　１　偶然にも　　　２　時々　　　　　３　驚くことに　　４　とんでもなく

17　彼は仕事の疲れに<u>かこつけて</u>、飲み会を断った。

　　１　体裁をよくして　　　　　　　　２　体調を崩して

　　３　溜まって　　　　　　　　　　　４　口実にして

18　初めての海外出張の際に、現地の人にいきなり道を尋ねられ、少し<u>戸惑った</u>。

　　１　失敗した　　　２　大変だった　　３　つらかった　　４　困った

19　彼の話は<u>ありふれた</u>内容だったが、妙に心に響いた。

　　１　素敵な　　　　２　不思議な　　　３　平凡な　　　　４　抽象的な

問題4　次の言葉の使い方として最もよいものを、1・2・3・4から一つ選びなさい。

20　発足

1　社長直属のプロジェクトチームが正式に発足した。

2　犬は人間に比べて嗅覚が非常に発足している。

3　高度経済成長を通して、日本は産業が大きく発足した。

4　私の住んでいる地域で洪水警報が発足されました。

21　察する

1　部長は会議の間にも取引相手の身のまわりを注意深く察した。

2　彼女の表情から、緊張していることが容易に察することができた。

3　室内の温度の上昇を察して警報機が作動した。

4　統計から察すると、この市の人口は5年で2倍になるだろう。

22　食い違う

1　会議ではメンバーの意見がそれぞれ食い違い、結論が出なかった。

2　左折するところを食い違って右折してしまった。

3　注文したものと食い違う商品が届いた。

4　彼は兄とは非常に食い違うタイプの人のようだ。

23　見落とす

1　道端で見落としてしまったのか、ポケットに入れていた財布が見当たらない。

2　彼女を見落とすために一緒に空港まで行かなければならない。

3　報告書において重要なデータを見落としてしまい、上司に指摘された。

4　大変残念ですが、今回はお取引を見落とすこととなりました。

24　うなだれる

1　これは消費者に対して商品の購入をうなだれるマーケティング戦略だ。

2　彼は一晩中苦しそうに悪夢にうなだれていた。

3　熱にうなだれていて忠告など耳に入らないようだった。

4　期末試験で落第点を取った彼は、肩を落としてうなだれていた。

25 まちまち

1 <u>まちまち</u>に待った合格発表の日がついにやってきた。

2 その部屋にある家具の大きさは小さいのから大きいのまで<u>まちまち</u>だ。

3 彼はベッドにもぐりこむと、<u>まちまち</u>いびきをかき始めた。

4 そのアトラクションは人気のため、<u>まちまち</u>の時間が長くかかる。

問題5　次の文の（　　　　）に入れるのに最もよいものを、1・2・3・4から一つ選びなさい。

26　彼は入社後わずか1年（　　　　）、プロジェクトを成功させ昇進した。

1　なり　　　　　2　にして　　　　3　にも　　　　4　では

27　今さら謝った（　　　　）、彼女の怒りは収まらないだろう。

1　ことでは　　　2　ことに　　　　3　ところを　　　4　ところで

28　田中教授は達筆（　　　　）ため、毎年年賀状を手書きでお作りになる。

1　がございます　　　　　　　　　2　に申し上げます

3　でおります　　　　　　　　　　4　でいらっしゃる

29　結果がどうなるか（　　　　）、まずは全力で挑戦してみるべきだ。

1　はともかく　　2　ゆえに　　　　3　とはいえ　　　4　はおろか

30　子供たちは泥（　　　　）、公園で遊んでいた。

1　まみれになりながら　　　　　　2　まみれにしようとも

3　みどろになりながら　　　　　　4　みどろにしようとも

31　実際に試してみない（　　　　）、その効果はわからないだろう。

1　いかんにより　2　かぎりは　　　3　じまいでは　　4　始末だと

32　彼が（　　　　）、私は自分の力でやり遂げるつもりだ。

1　手伝おうと手伝わないのだが　　2　手伝おうと手伝わないとしても

3　手伝おうが手伝うまいが　　　　4　手伝おうが手伝うべくもないが

33　窓の外を（　　　　）眺めていると、雪がしんしんと降っているのが見えた。

1　見るとしたとしても　　　　　　2　見るのをものともせず

3　見るともなしに　　　　　　　　4　見るまでもなく

34 木下「鈴木さん、今朝のニュース見ましたか。今年の経済指標の速報値が出まし

たね。」

鈴木「はい、私も見ました。このままの状況が続くと、不況がしばらく続くこと

は（　　　　）。」

1　想像するに越したことないですね

2　想像するまでのことですね

3　想像してしかるべきでしょうね

4　想像にかたくないでしょうね

35 被災地の映像がニュースで流れ、そのあまりにも生々しく悲惨な光景に心を打た

れ、私は思わず（　　　　）。何もできない自分の無力さを痛感した瞬間でも

あった。

1　涙を禁じ得なかった　　　　　　2　涙をこらえかねなかった

3　涙が出そびれてしまった　　　　4　涙が浮かぶにたえなかった

問題6　次の文の___★___に入る最もよいものを、1・2・3・4から一つ選びなさい。

（問題例）

　　　あそこで ＿＿＿＿ ＿＿＿ ＿★＿ ＿＿＿ は私の姉です。

　　　1　手　　　　2　振っている　　　3　を　　　　4　人

（解答のしかた）

1.　正しい文はこうです。

　　　あそこで ＿＿＿ ＿＿＿ ＿★＿ ＿＿＿ は私の姉です。

　　　　　1　手　　3　を　　2　振っている　　4　人

2.　___★___に入る番号を解答用紙にマークします。

（解答用紙）　| （例） | ① ● ③ ④ |

36　各部署が ＿＿＿ ＿＿＿ ＿★＿ ＿＿＿、会議を始めますので、それまでに各自で必要な準備を済ませておいてください。

　　1　作成した　　　　2　次第　　　　　3　資料が　　　　4　揃い

37　彼の発言が誤解を生んだのは、＿＿＿ ＿＿＿ ＿★＿ ＿＿＿、誰も彼の真意を汲み取る努力を行わなかった結果、対立が一層深まってしまった。

　　1　ゆえに　　　　　　　　　　2　言葉足らず

　　3　だと考えられるが　　　　　4　起きた問題

38 ＿＿＿ ★＿＿ ＿＿＿ ＿＿＿ ので、最近ではメモ帳を常に持ち歩くようにし

て、なるべく自分の記憶力に頼らず、記録する習慣を身につけようと思っている。

1 覚える　　　　2 そばから　　　3 忘れてしまう　4 年のせいか

39 この勝利は、彼が毎日 ＿＿＿ ＿＿＿ ＿＿＿ ＿★＿ だろう。

1 早朝から夜遅くまで　　　　　2 努力の結果に

3 ほかならない　　　　　　　　4 地道に練習してきた

40 仕事を1年も休職して ＿＿＿ ＿＿＿ ＿＿＿ ＿★＿ と思う。

1 極みだ　　　　　　　　　　　2 世界中を旅する

3 贅沢の　　　　　　　　　　　4 なんて

問題7　次の文章を読んで、文章全体の趣旨を踏まえて、 41 から 44 の中に入る最もよいものを、1・2・3・4から一つ選びなさい。

以下はある小説家が書いたエッセイである。

おふくろの味

　「おふくろの味」と聞いて思い浮かぶのは、湯気が立ち上る炊きたてのご飯や、心まで温まる具だくさんの味噌汁だろうか。それとも、ちょっと塩辛い卵焼きや、絶妙な焦げ目のついた焼き魚だろうか。人それぞれに異なる「おふくろの味」は、 41 。私にとって、それは田舎の台所で母が作る素朴な煮物だった。甘辛い醤油の香りと出汁の風味が、子どもの頃の記憶に深く刻まれている。

　母の料理は、決して 42 、不思議と心を満たしてくれた。季節の野菜や地元で採れた魚を使った料理は、どれも「新鮮」という言葉がぴったりだった。忙しい日々の中でも手を抜かない母の姿は、幼い私には何気ない風景だったが、大人になってその大変さを理解するようになった。母が料理に込めていたのは、単なる栄養以上のもの——家族を支えたいという温かい思いだったのだと気付いた。

　現代では、外食やインスタント食品が手軽になり、家庭料理の価値が 43 。それでも「おふくろの味」は、私たちの中に生き続けている。それは、特定の料理そのものではなく、誰かが自分のために時間をかけて作ってくれた、その行為そのものに宿るものなのだと思う。ふとした瞬間に、どこかでその味に似た料理に出会うと、懐かしさとともに、失われた時間を一瞬だけ取り戻すような感覚に包まれる。それは、私たちがどんなに遠くへ行っても、どんなに忙しい日々に追われても、心の奥にひっそりと息づいている。それは、母から受け取った愛情の記憶であり、また次の世代へと引き継がれる大切な文化でもある。 44 、その根底にある「誰かを思う心」は不変だ。私もいつの日か、自分の子どもたちにとって「おふくろの味」を作れる存在になれるだろうか。その答えは、台所に立ちながら探していきたい。

41

　1　どれかはその人の原点だろう

　2　どれもその人の原点とも言える

　3　どれでもその人の原点になりえない

　4　どれがその人の原点と言えるのだろうか

42

　1　豪華なものではなかったとしても

　2　豪華なものだけではあるが

　3　豪華なものばかりだったので

　4　豪華なものではなかったが

43

　1　見失われがちだ　　　　　　　　2　見失われるはずがない

　3　見失われずにいる　　　　　　　4　見失われてはいけないだろう

44

　1　むしろそれは時代が移り変わっていくにつれて

　2　むしろそれは時代が変わってきたおかげで

　3　たとえそれが時代とともに変わるとしても

　4　たとえそれは時代によって異なることはないだろうが

問題8　次の(1)から(4)の文章を読んで、後の問いに対する答えとして最もよいもの
　　　　を、1・2・3・4から一つ選びなさい。

(1)

　「技術は中立的である」と言われることがあるが、これは大きな誤解である。技術そ
のものが社会的文脈や使用者の意図によって影響力が左右されるからである。例えば、
顔認証技術は治安維持や犯罪防止の目的で利用される一方、監視の強化やプライバシー
の侵害に繋がるリスクもある。つまり、技術の使用やその結果を評価する倫理的な視点
がなければ、技術は無意識のうちに不公正や不平等を助長するツールになりかねないの
だ。技術革新が急速に進む現代において、我々はその恩恵に目を奪われがちであるが、
人類にとって本当に望ましい選択とは何かを問う枠組みを確立することを忘れてはいけ
ない。

45　筆者の考えに合うのはどれか。

　1　科学技術が発達するにつれて、解決すべき問題がどんどん増えている。

　2　科学技術だけでなく、倫理的思考の重要性も見失うべきではない。

　3　技術への投資は、人類の生活を根本から変える可能性を秘めている。

　4　技術の進展が停滞するときこそ、倫理的思考が必要とされる。

(2)

2023年7月1日

南松市　環境保全課

　近年、家庭から出るゴミの量が増加しています。南松市では、住民の皆様に対して、家庭でできるゴミの減量対策を強化することをお願いしております。また、南松市では、ごみの分別収集を行っており、住民の皆様にご協力いただいております。以下のスケジュールに従い、正しく分別されたごみを決められた日に出すようお願いいたします。ごみは必ず指定の袋に入れ、収集日の朝8時までに出してください。

可燃ごみ（生ゴミ、紙くずなど）：毎週月曜日・木曜日

不燃ごみ（金属、ガラス類など）：毎週火曜日・水曜日

資源ごみ（ペットボトル、缶類）：毎週金曜日・土曜日

　また、家庭ゴミの減量を推進するため、定期的に住民向けのリサイクル講座やゴミ分別キャンペーンを開催いたします。ぜひご参加いただき、環境保全にご協力ください。スケジュールの詳細や参加方法については、下記の連絡先までお問い合わせください。

環境保全課　〒123-4567　南松市谷町1-2-3

（受付時間：月曜日〜金曜日　9：00〜17：00）

46　このお知らせは何を知らせているか。

1　ごみを減らすキャンペーンの申請書を提出してほしいということ

2　ごみの分別の曜日が変更になったということ

3　家庭でのごみの排出量を減らしてほしいということ

4　リサイクル講座の締め切りが迫っているということ

(3)

　人間の記憶体系は、単なる過去の出来事の保存庫としての機能に留まらず、時として極めて複雑な情報処理の過程を伴うことが多い。新たに取り入れられた情報は、既存の経験や知識との関連性を評価され、適切に統合される。しかし、その過程で認知バイアスや感情的な影響が干渉し、記憶内容の歪曲^(注)が生じる可能性が指摘されている。特に、他者からの強力な圧力がかかる場面では、記憶は個人の意識とは裏腹に変換されうる。こうした現象は、記憶が単なる脳内プロセスに限定されない外的要因に多大な影響を受けていることを示唆しており、記憶が一貫して信頼に足るものではないことを示す実例として挙げられるだろう。

（注）歪曲：ゆがめ曲げること

47　筆者は、人の記憶についてどのように考えているか。

　1　心理的圧迫から解放されれば、記憶は変化することはない。

　2　外部からの情報を正確に処理できない場合に記憶が歪曲される。

　3　同じ出来事でも人それぞれ異なる記憶を持つことがある。

　4　脳内の記憶は時間の経過とともに自然に変化する。

(4)

芸術における独自性をさらに深く考察すると、創造と日常の間に存在する微妙なバランスが明確になってきます。

このバランスは、創作者が「自分の中にある異質なもの」と「他者と共有できる普遍的な感覚」を統合する中で現れるのです。

芸術家やクリエイターが新しい作品を生み出そうとする際、自己の感覚に従い、常識を打破しようとすることが多いでしょう。しかし、それと同時に、社会の中での共通認識や文化的背景に基づく普通さを意識的に捉えなければならないのです。ここで生まれるジレンマが、創作の緊張感と独自性の源となるといえるのです。

48 この文章で筆者が述べていることは何か。

1 平凡な感覚こそが創造力を発揮する上で看過してはいけない要素である。

2 自己の感覚を評価するより、他者がどのように受け取るかを考慮すべきである。

3 既存のアイデアや経験、社会全体の文脈を活用することで新しいものを創造できる。

4 普通さを単なる制約としてとどめることにより、革新のための出発点として活用できる。

問題9　次の(1)から(4)の文章を読んで、後の問いに対する答えとして最もよいもの
　　　　を、1・2・3・4から一つ選びなさい。

(1)

　ペットの猫が人間と暮らすようになった経緯は、犬とは異なる独自の道をたどってきた
とされている。犬と同様、猫の祖先は野生であったが、犬がオオカミの集団行動に基づき
人間と協調関係を築いたのとは対照的に、猫は主に単独で狩猟を行う習性を持っていた。
このため、猫の社会的行動は、群れで行動する動物よりもはるかに個体主義的である。つ
まり、猫は自己の生存のために人間に頼ることなく、自らの本能に基づいて行動し続け
た。これは、猫が家畜化された他の動物とは一線を画す存在だということである。

　自己中心的で独立している猫だが、実際には環境に非常に適応しやすいという特性も
あった。農業の発展に伴い、人々は食料の備蓄をするようになり、それを狙う害獣を追
い払う猫の存在が次第に重宝されるようになった。特に人間が猫に対して積極的にエサ
を与えることはほとんどなく、猫は自ら狩りをして生き延びたため、完全に人間に依存
することなく独立した立場を保ち続けたのである。この自立性こそが、猫が人間の社会
に深く根付いた理由である。

　なお、猫と人間との共生は必然的に発展したわけではなく、むしろ偶発的な出来事の
積み重ねによるものだと考えられる。猫は自ら人間に媚びへつらうことなく、あくまで
自分の生活圏の一部として人間を受け入れた。これにより、人間と猫との関係は、他の
家畜化された動物とは異なり、相互に干渉し合わない独特な形態を持つこととなった。
こうして、猫は完全に飼いならされた動物というよりも、野生の本能を残しながら人間
の生活に適応した「半家畜化」された動物と見なされている。そしてその関係は、現代
においても続いており、猫は依然として人間との独立した共存関係を維持している。

（注）媚びへつらう：人の気に入るように振る舞うこと

49 一線を画す存在とあるが、この特徴に合うのはどれか。

1　飼いならされた過程が他の動物と違う

2　他の動物より優れている部分が多い

3　人間とのかかわりを持たなかった

4　他の動物にない本能を使い生き残った

50 猫が人間と暮らすようになった過程について、筆者はどのように考えているか。

1　猫が群れで行動しなくなったのには、人間との生活によるものがある。

2　人間と猫は必ずしもお互いにとって不可欠な存在であったとはいえない。

3　猫の環境適応能力により人間の住みかのそばにいることが有利になっていった。

4　今や猫は人間の助けなしでは生きるのが困難になるまでに至った。

(2)

　自然の中での生活は、単に美しい景色を楽しむだけのものではない。自然に触れ合う生活には、定期的な季節の変化に応じた暮らしの知恵が必要だ。例えば、農作物を育てる際には、単に作物を植え育てるだけでなく、その土地の土壌や気候を把握し、そして肥料や水の調整などを臨機応変にしていく能力が求められる。もちろん、これは都市での生活では考慮しなくてもよいことである。

　自然の中での生活は、単なる「憧れ」だけでなく、厳しい現実を伴う。しかし、その中で得られる喜びや成長は、都市生活では得られない特別なものだ。自然環境の中では、時間の流れ方そのものが異なる。野菜や果物が収穫できるまでの期間、木材が乾燥して燃料として使えるようになるまでの準備期間など、自然のリズムに従わざるを得ない場面が多い。この感覚は都市生活では失われがちなものだが、自然の中では<u>これほど重要なことはない</u>。

　一方で、自然環境の中で暮らすことは、災害や危険とも隣り合わせであるということである。山間部では土砂崩れや雪崩、海辺では台風や津波のリスクが常に存在する。こうした自然の脅威に対して、備えを怠ることはできない。自然の力に対して人間が無力であることを実感しつつ、それでも共に生きていくための知識や技術を磨くことが、自然と向き合う生活には不可欠なのである。

　つまり、自然の中での生活は、個人の価値観や生き方そのものを見直す機会であるのだ。与えられた資源を有効活用する、こうした一連の生活サイクルは、都市生活者にとっては手間に感じられるかもしれないが、それによって得られるものも多い。自分がどれだけ自然の一部であり、自然に依存して生きているのかを実感できるからだ。そこには、人間が本来持っているはずの自然との共生の感覚を取り戻す時間がある。

51 これほど重要なことはないとあるが、何が重要なのか。

1 何事も準備時間が長すぎるということ

2 田舎の方が時間が遅く過ぎるということ

3 自然のサイクルは予測不可能だということ

4 自然に合わせて暮らすということ

52 筆者が伝えたいことは何か。

1 都市での生活に慣れすぎると、自然との関係性が無くなってしまう。

2 自然の中での暮らしは都市での便利さとは違った充実感を得ることができる。

3 楽な生活ができる都会では自然のありがたみを感じることがない。

4 自然と共に暮らすための知恵は都会の暮らしでも必要なものである。

(3)

　教育者が果たす役割は、単なる知識の伝達にとどまらない。生徒の成長を支え、彼らの人生に影響を与える存在として、教育者には多くの資質と態度が求められる。まず、何よりも重要なのは、情熱を持っているかどうかだろう。教えることへの喜びや、生徒が何かを理解した瞬間への感動を持つ教育者は、自然と生徒に学ぶ意欲を芽生えさせる。教育者が持つ情熱は、生徒がより難しい問題に挑戦しなければならない状況においても、彼らを支える原動力となる。

　次に求められるのは共感力だ。生徒一人ひとりの背景や性格、課題に目を向け、その気持ちや立場を理解しようとする姿勢がなければ、真の教育は成り立たない。共感力を持つ教育者は、生徒の抱える問題や悩みを早期に察知し、適切に支援してあげることができる。また、共感は信頼関係を築く鍵でもある。教育は信頼の上に成り立つものであり、この関係が築かれて初めて、生徒は安心して学びに向き合うことができる。

　さらに、柔軟性も不可欠だと考えられる。教育現場は常に変化しており、新しい指導方法や技術を取り入れる姿勢が求められる。画一的なアプローチでは、多様化する生徒のニーズに応えることは難しい。柔軟性を持つ教育者は、自分自身の方法に固執せず、時代や状況に合わせた最善の方法を模索する。そのためには、自己研鑽を怠らず、常に学び続ける姿勢が必要だ。

　最後に、謙虚さを忘れてはならないということも付け加えておきたい。知識や経験が豊富であっても、すべてを知り尽くしているわけではないという自覚が、さらなる成長を促す。教育は双方向のプロセスであり、生徒から学ぶことも多い。謙虚な態度を持って、生徒や同僚からも学ぶことができる教育者は、より良い教育環境を築くことができるだろう。

（注）自己研鑽：自分自身を磨くためにみずから努力すること

53 彼らを支える<u>原動力</u>とあるが、何か。

1 生徒自ら学ぶことで問題解決できるようにする力

2 生徒が自分だけの力で人生を歩んでいくことができるようにする力

3 生徒が学ぶことの喜びを感じることができるようにする力

4 生徒の抱える悩みを見つけ一緒に解決してあげる力

54 教育者について、筆者が最も言いたいことは何か。

1 教育者に求められる様々な資質は、結局学習者の成長やより良い教育環境の実現にも役立つ。

2 教育現場は常に変化しているため、新しい指導方法や技術を取り入れていかなければならない。

3 教育者は何よりも自分が教える生徒に対する謙虚さを忘れてはならない。

4 教育は双方向で行われることが理想的であるため、教師も生徒から積極的に学ぶべきだ。

(4)

　私たちの生活においてインターネットは不可欠なインフラとなり、日常的な情報収集やコミュニケーション、ビジネス、教育など、あらゆる分野に深く浸透している。しかし、その急速な普及の裏側で、社会の格差を拡大させる要因として、デジタルデバイドが今や重大な懸念点となっている。デジタルデバイドは、情報通信技術の恩恵を受けることのできる人とできない人の間に生じる経済格差のことをさす。

　これは物理的なインターネット接続の有無に起因する問題だけでなく、その利用能力や習熟度の違いにも至る。特に、デジタルリテラシー、すなわちデジタル技術を効果的に活用し、その利点を最大限に引き出す能力が個人や集団によって異なるため、この格差がデジタルデバイドを生むとされるのだ。インターネットが物理的に利用可能であっても、高齢者やＩＴ教育が不十分な世代、あるいは低所得層では、こうしたリテラシーの不足が顕著であり、インターネットやデジタルデバイスを十分に活用できていない。これにより、オンラインでの情報収集、仕事の効率化、あるいは教育の機会において、デジタル技術の恩恵を享受する層とそうでない層の間での差が拡大する傾向が見られるのである。

　特に、教育においての影響が深刻化する可能性が高いとされている。リモート学習やオンライン教育の普及が進む中、十分なデバイスやインターネット環境を持たない家庭の子どもたちは、学習の遅れや教育機会の不平等に直面する。これは単に情報量の差にとどまるだけでなく、より高水準な教育へのアクセスを遮断するまでにも至る。これにより、将来的な職業選択や社会的地位にも影響を与える「教育格差」が生まれてしまう。デジタル社会が進展する中で、長期的に社会の不平等を固定化するこの問題を放置すれば、個々の人々の生活の質を超える深刻な影響を与えるかもしれない。

55 <u>この格差</u>とは何を指すか。

1　コミュニケーション能力の差

2　インターネット速度の差

3　情報通信機器を使いこなす能力の差

4　受けられる教育の差

56 デジタルデバイドについて、筆者が最も言いたいことは何か。

1　虚偽情報により、政治的な意見の偏りや社会的分断が生じるリスクが存在する。

2　デジタルリテラシー教育の推進のためにデジタルデバイスの普及支援を行うべきである。

3　デジタルデバイドの原因である経済的な格差を減らすための対策が必要である。

4　情報格差は単なる技術的な課題ではなく、教育、経済、社会全体にわたる複合的な問題である。

問題10　次の文章を読んで、後の問いに対する答えとして最もよいものを、１・２・
　　　　３・４から一つ選びなさい。

　カラスが迷惑な存在であるのは、人の生活領域へ侵入しその領域内で活動するからで
しょう。カラスは知能が高く、食べ物を探すためにゴミ袋をつつき、住居近くで営巣し
威嚇行動をとるなど、不快な思いをさせる行動をとります。それだけでなく、黒い見た
目や鳴き声などは、無意識に不吉な印象を与えることもあります。しかし、カラスは単
なる都市の厄介者ではなく、人間が生んだ新たな生態系の一部として適応している存在
です。生態系の変動や都市空間の進化、さらには人間の環境管理の在り方にまで踏み込
むと、見えてくる問題の深さは一層際立ちます。都市部のカラスの増加は、単に「都市
に食料が豊富だから」という単純な説明にとどまらないのです。
　都市は本来、人間のためにデザインされた空間ですが、その過程で自然環境が変容
し、動物たちが新たな生息場所を見出しています。こうした都市空間では、カラスのよ
うに適応力の高い動物は急激に増加していくのです。カラスはゴミ収集場所や手が届き
にくい高所で繁殖し、都市が提供する資源を巧みに利用します。そのため、この問題の
解決策として、単なる「害獣対策」としての駆除を提示するのではなく、より本質的な
部分について<u>考え直す必要がある</u>のです。
　　　　　　　　　　①
　また、都市化が進むにつれて、自然環境が縮小していることも無視できない要因で
す。動物が居場所を失い、人間の空間に入り込まざるを得なくなっていることを理解す
るべきなのです。カラスのように高度な知能と適応力を持つ動物は、自然環境の喪失を
契機に、<u>新しい生態系</u>へと移行しています。従来の生息地から都市空間へと移動したカ
　　　　　②
ラスは、都市における食物供給が人間の社会経済活動と密接に関係していることを理解
し、その動向に沿って行動パターンを変化させるようになったのです。
　つまり、都市と自然の共存における課題は、都市を人間だけの空間として管理するの
ではなく、生態系の一部として捉え直すことにあると言えるでしょう。都市における生
態系の設計を考える上で、都市空間における動植物の共存を支えるための施策を講じる
べきなのではないでしょうか。

（注1）営巣：動物が自分の巣を作ること

（注2）威嚇：おどすこと

[57] ①考え直す必要があるとあるが、筆者の考えと合うものはどれか。

1 都市そのものの構造と生態系管理について検討してほしい。

2 環境の変化を理解し都市の資源を保存する方案を模索してほしい。

3 都市化に伴う対策の地域格差を狭めてほしい。

4 廃棄物管理の改良や、地域住民の教育を推進してほしい。

[58] ②新しい生態系とは、何を意味しているか。

1 都市における動物の進化

2 人間の生活圏への適応

3 生息域の減少傾向

4 生物多様性が増加した環境

[59] 筆者の考えに合うものはどれか。

1 カラスの存在は都市の生態系の変化を反映しており、害獣であるという認識を確立するべきだ。

2 カラスは都市の資源を巧みに利用し、適応しているため、住民の環境意識の変化だけでは十分でない。

3 都市化に伴い自然環境が減少しているため、動物が新たな生息地を求めて人間の領域に入ってきている。

4 カラスの行動を制御するうえで、都市での食料の豊富さによる影響を無視してはいけない。

問題11　次のＡとＢの文章を読んで、後の問いに対する答えとして最もよいものを、
　　　　１・２・３・４から一つ選びなさい。

A

　　天気予報の重要性は、私たちの日常生活から産業に至るまで広範囲に及んでい
る。例えば、農業においては、予報に基づく適切なタイミングでの灌漑や収穫が、
　　　　　　　　　　　　　　　　　　　　　　　　　　　　　　　かんがい
　　　　　　　　　　　　　　　　　　　　　　　　　　　　　　　（注）
収穫量の増減を大きく左右する。また、航空業界や海運業界においても、天気予報
は安全性の確保とコスト削減のために極めて重要である。したがって、天気予報の
活用は社会全体の効率を高め、リスクを最小限に抑えるための必須のツールである
といえる。

　　しかし、天気予報が社会的・経済的な行動を過剰にコントロールすることで、予
想外の損失が発生する可能性もある。現在の技術では、短期予報の精度は高いもの
の、長期予報や予測困難な局所的な気象現象の精度は必ずしも保証されていない。
それにもかかわらず、悪天候が予報された場合、多くの人は外出を控えたり、イベ
ントや商業活動が中止されたりすることがある。そのような状況を考慮せずに、結
果的に天気が好転した場合には、経済的損失や機会の喪失が発生する。

B

　　気候変動が進む現代においては、異常気象がますます増加しているため、正確な
天気予報は人命を守るための重要な役割を果たしています。突発的な豪雨や台風な
どの災害を事前に予測し、避難や準備を促すことで、多くの命が救われています。
天気予報がなければ、自然災害の被害は現在よりもはるかに深刻だといえるでしょ
う。したがって、天気予報は現代社会のインフラの一部として、不可欠な存在であ
るのです。

　　一方で、天気予報に依存しすぎることは、思考や判断力を鈍らせる危険性がある
との見方もあります。確かに、天気予報は私たちの行動計画に大きな影響を与えま
すが、それがゆえに予定が狂うこともしばしばあるでしょう。計画を次々と変更す
ると、一貫して続けるべき行動や習慣が途切れがちになります。行動を自らの意思

で柔軟に変化させる力が失われると、最終的には予報に頼らず適応する力や決断力が低下してしまいます。したがって、予報を活用しつつも、行動や習慣は自分の判断で決める姿勢が重要だと考えられます。

(注) 灌漑^{かんがい}：水路を作って田畑に必要な水を引くこと

60 天気予報の良い点について、AとBはどのように述べているか。

1　Aは農業における安全性向上に寄与すると述べ、Bは事前予測が人命を救う役割を果たしていると述べている。

2　Aは農業や交通において重要な役割を果たしていると述べ、Bは異常気象の軽減に貢献すると述べている。

3　Aは経済活動に役立っていると述べ、Bは行動計画により様々なリスクを軽減すると述べている。

4　Aは効率的な活動を常に保証すると述べ、Bは自然災害から人々を守るために重要だと述べている。

61 天気予報の利用について、AとBはどのように述べているか。

1　AもBも、精度に限界があることを理解し、自らの経験や感覚に基づいた柔軟な判断が必要であると述べている。

2　AもBも、天気予報を信じることで経済的な不都合やリスクを軽減できると述べている。

3　Aは行動の選択肢が広がる可能性があると述べ、Bは予報に頼りすぎることで不必要に行動を控えることがあると述べている。

4　Aは正確性を常に検証するべきだと述べ、Bは予報に頼るあまり行動の一貫性が失われることがあると述べている。

問題12　次の文章を読んで、後の問いに対する答えとして最もよいものを、１・２・
　　　　３・４から一つ選びなさい。

　詩を翻訳することは、他の文学作品を訳すのとはどこか違う。言葉の意味を正確に伝
えようとすればするほど、詩の本質が手の中からすり抜けていくように感じるのだ。詩
というのは、単に何かを説明する文章ではなく、言葉一つ一つが緊張感を持ち、重なり
合いながら全体の響きを形作っている。だから、詩の翻訳をするたびに、私はまるでそ
の中に深く潜り込んで、詩人が言葉に託したものを掘り起こすような作業をしている気
がする。原詩に触れるたびに、詩人がどんな思いで言葉を紡いだのか、その背景や心情
を思い描かずにはいられない。_(注1)

　ある言葉を別の言語に置き換えるとき、どうしても色あせてしまう瞬間がある。原詩
の言葉が持つリズムや響き、それが読む人の心に生み出すささやかな揺らぎは、そう簡_(注2)
単に説明できない。だからこそ、そういったものをどう伝えればよいのか、いつも考え
込んでしまうのだ。言葉には、それぞれの音が持つ独特の感触や流れがある。日本語な
らではの柔らかな響き、あるいは英語ならではの鋭さ。これらをいかにして別の言語に
持ち込みながらも、詩のもつ独自の美しさを壊さないかということに、常に心を悩ませ
ている。

　特に困難なのは、単語の選択だけでなく、空白や沈黙の持つ意味をも再現しなければ
ならないということだ。詩は必ずしも全てを言葉で語るわけではない。あるいは、その
部分こそが、詩の核心を成していることさえある。詩の中で言葉が消え、そこに読者が
解釈を巡らせる余地が生まれる。その空白があるからこそ、詩は人の心に響き、余韻を
残す。だが、翻訳の中でその空白をどのように生かすか、これは言葉を置き換える以上
に繊細な作業だ。誤って埋めてしまうと、詩そのものが平凡な文章へと変わってしまう
危険がある。非常に困難な作業だが、そうしたところにこそ<u>詩の翻訳の醍醐味があるの</u>
だと思っている。

　ある国や文化に根付く象徴や暗喩は、別の場では理解されにくいことがある。たとえ_(注3)
ば、日本の詩に登場する桜は、はかなさや美しさとともに、人生の一瞬の輝きを象徴す
る。しかし、別の文化圏では桜がそのような意味を持たないかもしれない。こうした文
化的な背景や象徴が、詩の本質に深く結びついている場合、翻訳は単なる言語の置き換

えでは済まなくなる。桜の花びらが散る姿が持つ、日本人にとっての特別な感情や美意識を、別の言語でどう表現すればよいのか。ここで求められるのは、詩を解釈し、再解釈する勇気と、詩人の感覚に寄り添う共感力だ。詩の持つ「生まれ育った場所の記憶」を、読者が感じられるようにすることが、詩の翻訳者には求められている。

　それゆえに、翻訳者自身の存在も、詩の翻訳には深く関わってくる。まるで詩人の手を　借りて、自ら新しい詩を生み出すような感覚に近い。原詩に対する尊敬を持ちながらも、自分自身の解釈や表現が加わることで、翻訳された詩は単なるコピーではなく、新たな生命を得るのだ。詩の翻訳とは、一つの言語から他の言語へと言葉を移し替えるというよりも、ある詩の「魂」を異なる言葉で蘇らせる行為に近い。それはまるで、原詩の世界を旅し、その美しさと難しさに触れた後で、別の風景をもった新しい詩を作り上げるかのようだ。

（注１）言葉を紡ぐ：ここでは詩を作ること

（注２）色あせる：色が薄くなる

（注３）暗喩：たとえの形式をはっきり示さずにたとえる方法

[62]　詩の翻訳における文化的な要素に関して、筆者はどのように述べているか。

　　1　異なる文化や時代背景を超えた普遍性をどう表現するかが肝である。

　　2　読者に異文化の美を損なうことなく伝えるための橋渡しの過程である。

　　3　文化的背景を考慮しすぎれば逆に訳文が重い印象を与えてしまう。

　　4　肯定的な意味合いを持つ象徴は、他の文化でも同じイメージの場合が多い。

63 詩の翻訳の醍醐味があるとあるが、なぜか。

1 空白があるからこそ詩が詩であるということを、翻訳の中でどう再現するかが非常に重要だから

2 時代に合わせて現代の読者に伝わる形で詩を再構築しなければならないから

3 原詩の表現力をそのまま他の言語に移し替えることは、ほとんど不可能に近いから

4 原詩の解釈を慎重に考慮し、言葉の層を解きほぐすように訳文を作り上げる必要があるから

64 この文章中で筆者が最も言いたいことは何か。

1 詩の翻訳をする際、原詩の独特な構造や詩人の個性を生かせば、必然的に異なる言語圏の読者にも共感されるようになる。

2 原詩の象徴や暗喩は別の文化圏では理解しづらいため、翻訳者は詩の背景知識を活かし、新しい表現を試みる必要がある。

3 詩の翻訳とは単なる言葉の変換ではなく、詩が持つ独自の情感や文化背景、そして暗示を新しい言語で再現し、詩の本質を伝える試みである。

4 翻訳者自身の経験や感受性が、原詩の理解や表現に少なからず影響を及ぼすことがあるため、自己との対話が重要である。

問題13　右のページは、山中市歴史資料館の案内である。下の問いに対する答えとして
　　　　最もよいものを、１・２・３・４から一つ選びなさい。

65 留学生のレンさんは、明後日までに資料館で複写したい資料がある。レンさんが
　　　資料の複写を手に入れるためにできることとして合っているのは、次のどれか。

１　受付で複写を申し込み、家まで送ってもらう。

２　受付に複写申請用紙を提出し、料金を現金で支払う。

３　ホームページで複写と郵送を申請し、複写料金と郵送料を振り込む。

４　あらかじめオンラインで予約し、受付で資料の貸し出しを行う。

66 大学生の鎌田さんは、11月に山中市歴史資料館で開かれる体験型のイベントに参
　　　加しようと思っている。週末しか時間がなく、一度も資料館に行ったことがない
　　　が、参加するためにはどうすればいいか。

１　３週間前に「古地図を作ろう」をホームページで申し込む。

２　イベント当日に受付で「郷土史を学ぶ」を聞きたいと伝える。

３　２週間前にホームページから「写本の世界」を予約する。

４　１週間前に資料館へ行き「時代を彩る装飾品」を申請する。

山中市歴史資料館からのご案内

■ **資料館での閲覧・貸し出し**

来館いただければ、どなたでも資料を閲覧できます。ただし、特別資料の一部は事前に予約が必要です。予約は、資料館の窓口またはホームページから可能です。なお、来館時には、身分証の提示が求められる場合がありますのでご注意ください。

■ **資料の複写・郵送**

山中市歴史資料館では、資料の複写サービスも提供しています。希望する場合は、以下の手順に従い、ご利用お願いいたします。

1. 申請手続き

複写を希望する資料を、館内の申請用紙に記入して受付へ提出してください。オンラインの場合は、資料館のウェブサイト上で「複写サービス申請フォーム」にアクセスし、必要事項を入力の上、申請を完了してください。申請の受付完了後、料金と複写可能な範囲についての確認メールが送信されます。

2. 料金の支払い方法

館内での複写の場合、受け取り時に現金でお支払いください。郵送サービスを希望される場合は、申請後に送付される案内に基づき、指定の銀行口座へ振り込みをお願いいたします。振込手数料は利用者のご負担となります。

3. 受け取り方法

館内での受け取りは、受付にて身分証明書などの提示を求める場合があります。郵送の場合、発送準備が整い次第、発送予定日をメールでご連絡します。到着には3〜5日ほどかかりますが、配送状況によっては遅延することがありますので、予めご了承ください。

■ **講演会とイベント**

歴史資料館では、市の歴史に関する講演会や体験イベントを定期的に開催しています。どなたでもご参加可能で、参加は無料ですが、予約が必要です。参加希望日の2週間前から予約が可能で、ホームページまたは一階受付にて可能です。イベント当日は、確認メールや予約番号の提示をお願いする場合がありますので、事前にご準備ください。

日時	イベント名	内容
10月30日（日）	「写本の世界」	歴史的な写本の魅力を学び、簡単な写本づくりに挑戦するイベント
11月8日（火）	「古地図を作ろう」	昔の地図の作り方を学びながら、自分でオリジナルの古地図を作成するイベント
11月13日（日）	「郷土史を学ぶ」	地元の歴史について、地元の郷土史研究家が解説する講演会
11月26日（土）	「時代を彩る装飾品」	江戸時代の装飾品について学び、簡単な装飾品づくりを体験するイベント

※イベントの詳しい内容については資料館のウェブサイトでご確認ください。

N1

聴解

（55分）

受験番号　Examinee Registration Number	
名　前　Name	

もんだい
問題1

問題1では、まず質問を聞いてください。それから話を聞いて、問題用紙の1から4

の中から、最もよいものを一つ選んでください。

れい
例

1 　旅行日を決める

2 　行き先を相談する

3 　車を借りる

4 　泊まる場所を見つける

1番
ばん

1 受付で整理券をもらう
うけつけ せいりけん

2 入り口で年間パスをもらう
いぐち ねんかん

3 入り口でパンフレットを取る
いぐち と

4 音声ガイドを利用する
おんせい りよう

2番
ばん

1 交通機関を利用しやすい場所を中心に宿を探す
こうつうきかん りよう ばしょ ちゅうしん やど さが

2 中心部より離れた場所でホテルを見つける
ちゅうしんぶ はな ばしょ み

3 行きたい観光名所をひとつに絞る
い かんこうめいしょ しぼ

4 旅行で使う金額の上限を決める
りょこう つか きんがく じょうげん き

3番

1 破れたページを自分で修理して返却する

2 破れた本のタイトルを職員に伝える

3 家に破れた本を取りに帰る

4 破れたまま本を返却し、受付で伝える

4番

1 持ち物リストに傘を追加する

2 保護者から同意書を集める

3 学生に集合場所の変更を伝える

4 スケジュールを修正する

5番
<ruby>番<rt>ばん</rt></ruby>

1 配送の担当者に新しいスケジュールを伝える

2 お客さんに確認の電話を入れる

3 時間に合わせて、配送と組み立てを別々に手配する

4 組み立て手順をスタッフと再確認する

もんだい
問題2

問題2では、まず質問を聞いてください。そのあと、問題用紙のせんたくしを読んでください。読む時間があります。それから話を聞いて、問題用紙の1から4の中から、最もよいものを一つ選んでください。

れい
例

1　頼まれたことをきちんとできなかったから

2　業務時間に同僚とおしゃべりしていたから

3　上司の質問にちゃんと答えられなかったから

4　上司にきちんと謝らなかったから

1番

1　期待していたプロジェクトに配属されなかったこと

2　職場の同期と仲良くできず、仕事がうまく進まないこと

3　するべき仕事が多くて負担が思ったより大きいこと

4　職場で目標を見失い、やる気が低下していること

2番

1　立地が悪く車でしか行くことができなかったから

2　リニューアルが途中で中断になってしまったから

3　映画館にわざわざ行く理由が減ってきたから

4　ショッピングモールに新しく映画館ができたから

3番

1 水をあげる頻度が少なかったから

2 日差しが当たる場所に置いていなかったから

3 植え替えをしていなかったから

4 土が乾かないように水をあげていたから

4番

1 野菜を中火でさっと炒めること

2 味見をしっかりとすること

3 沸騰するまで煮込むこと

4 アクをきちんと取ること

5番

1　リサイクルにつながる効果

2　地球に優しい生活ができる効果

3　プラスチック廃棄物の削減を進める効果

4　生活の質を高める効果

6番

1　持ち歩く時にかさばらないこと

2　目への負担が少ないこと

3　寝る前に読むことができること

4　使う時の感触がいいこと

もんだい
問題3

　問題3では、問題用紙に何も印刷されていません。この問題は、全体としてどんな内容かを聞く問題です。話の前に質問はありません。まず話を聞いてください。それから、質問とせんたくしを聞いて、1から4の中から、最もよいものを一つ選んでください。

－ メモ －

もんだい
問題4

問題4では、問題用紙に何も印刷されていません。まず文を聞いてください。それから、それに対する返事を聞いて、1から3の中から、最もよいものを一つ選んでください。

- メモ -

問題5

もんだい

問題5では、長めの話を聞きます。この問題には練習はありません。

問題用紙にメモをとってもかまいません。

1番

ばん

問題用紙に何も印刷されていません。まず話を聞いてください。それから、質問とせんたくしを聞いて、1から4の中から、最もよいものを一つ選んでください。

－　メモ　－

2番
ばん

まず話を聞いてください。それから、二つの質問を聞いて、それぞれ問題用紙の1から4の中から、最もよいものを一つ選んでください。

質問1
しつもん

1 セミナー①

2 セミナー②

3 セミナー③

4 セミナー④

質問2
しつもん

1 セミナー①

2 セミナー②

3 セミナー③

4 セミナー④

정답 202쪽 ▶

✎ 정답 및 청해 스크립트
✎ 답안용지

해석 PDF 파일은 **오른쪽 QR코드**를 스캔하거나,
맛있는북스 홈페이지(www.booksJRC.com)에서
무료로 다운로드 할 수 있습니다.

이번에 제대로 합격!
JLPT 실전모의고사 **N1**

정답

언어지식(문자·어휘·문법)·독해

문제1	1	2	3	4	5
	1	3	2	1	2
	6				
	3				

문제2	7	8	9	10	11
	2	2	4	1	4
	12	13			
	3	4			

문제3	14	15	16	17	18
	2	2	1	4	2
	19				
	3				

문제4	20	21	22	23	24
	1	4	2	1	2
	25				
	3				

문제5	26	27	28	29	30
	1	2	4	2	1
	31	32	33	34	35
	3	1	2	1	4

문제6	36	37	38	39	40
	4	2	3	3	1

문제7	41	42	43	44
	1	2	4	2

문제8	45	46	47	48
	2	4	2	4

문제9	49	50	51	52
	1	3	2	2
	53	54	55	56
	4	4	3	2

문제10	57	58	59
	3	4	1

문제11	60	61
	4	2

문제12	62	63	64
	1	3	3

문제13	65	66
	4	2

청해

문제1	1	2	3	4	5
	1	3	2	4	2

문제2	1	2	3	4	5
	3	3	2	1	1
	6				
	3				

문제3	1	2	3	4	5
	3	2	4	1	2

문제4	1	2	3	4	5
	1	1	3	3	2
	6	7	8	9	10
	1	3	2	1	3
	11				
	2				

문제5	1	2		
		(1)	(2)	
	1	4	3	

청해 스크립트

問題1 問題1では、まず質問を聞いてください。それから話を聞いて、問題用紙の1から4の中から、最もよいものを一つえらんでください。では、練習しましょう。

문제별 듣기

例

男の人が家族旅行の計画について女の人と話しています。女の人はこのあと何をしなければなりませんか。

M：そろそろ夏休みの旅行どうするか決めたいんだけど、どこか行きたい場所はある？

F：そうね、今年は温泉に行きたいって話してたわよね。

M：うん。なら、箱根か草津がいいと思うけど、どうかな？

F：どっちもいいけど、草津は少し遠いかもしれないね。

M：そうだね。それじゃ、箱根にしようか。じゃあ、ホテルはどうしようかな。

F：あ、私がネットで探しておくわね。あと、行く日にちも確認しておくわ。

M：それなら、一旦再来週の土日で探してくれる？

F：分かったわ。それから、車で行くならレンタカー手配しておいてくれる？やっぱり大きいほうがいいわ。

M：了解。

女の人はこのあと何をしなければなりませんか。

最もよいものは4番です。解答用紙の問題1の例のところを見てください。最もよいものは4番ですから、答えはこのように書きます。では、始めます。

1番

洋服の店で店長と男の店員が話しています。男の店員はまず何をしますか。

F：橋本さん、今週末から始まるセールの準備なんだけど、いくつか急いでやっておいてほしいことがあるの。

M：わかりました。なにをすればいいですか？

F：まず、セール用のタグがまだ商品に付いていないから、全部の商品にしっかり付けておいてほしいの。特に目玉商品には大きめのタグを使って、目立つようにしてね。

M：承知しました。すぐに取り掛かります。

F：あと、ポスター貼るのは、森本さんにお願いしてあるんだけど、もし忘れてたら言ってあげて。今日中にやらなきゃいけないから。

M：はい。あ、タグ付けする商品は前おっしゃってた通りでいいんですか。

F：うん。でも、ちょっとまた変わってるかも。それはあとで私が確認するよ。一旦

そのままでよろしく。

M：分かりました。

F：それから、私が戻ってきたら、一緒にセール品の在庫チェックも頼みたいんだけど、大丈夫かな？

M：了解しました。できるだけ早く終わらせておきます。

F：ありがとう。助かるよ。

男の店員はまず何をしますか。

2番

就職支援センターで、職員と男の学生が話しています。男の学生はこのあとまず何をしますか。

M：すみません、すこし相談したいのですが。

F：もちろんです。どんなことでお悩みですか？

M：今就活真っ最中なんですけど、エントリーシートの書き方に自信がなくて…。

F：そうですか。まずは、志望動機の部分に力を入れるといいですよ。具体的にどの企業に出すつもりですか？

M：今のところ、「山田電機」と「グローバルソフトウェア」です。

F：なるほど。それなら、まずそれぞれの企業の特徴を詳しく調べて、志望動機に反映させるといいですよ。特に、過去のインターンシップやサークル活動の経験を

どうその企業で活かせるかを考えて見てください。

M：ありがとうございます。それと、添削もお願いしたいんですが…。

F：もちろんです。でも、今申請者が多いので、最大で2日ほどかかります。それでも大丈夫ですか。

M：全然大丈夫です。メールで送っても大丈夫ですか。

F：はい。ホームページの、添削申請用のアドレスを確認してください。

男の学生はこのあとまず何をしますか。

3番

会社で課長と男の人が話しています。男の人はこのあとまず何をしなければなりませんか。

M：課長、こちらが田中製作所の海外視察旅行の見積書です。確認をお願いします。

F：ありがとう。うーん、内容はよくできているけど、この部分、現地での交通費がざっくりしすぎているね。もう少し細かく分けて記載したほうがいいね。

M：具体的に、どのように分ければいいでしょうか？

F：例えば、空港からホテルまでの移動、視察先への往復、自由行動のための交通手段とか、それぞれの費用を明記しておかないとね。

M：わかりました。すぐに修正します。

F：それと、航空券の確保状況はどうなってる？日程が近いから、もう予約しておいたほうがいいんじゃない？

M：はい、航空会社と仮予約の調整は進めていますが、まだ確定ではありません。

F：それも急いでね。今週中には、確定してほしいかな。あと、見積書には注意事項も必ず含めること。忘れずにね。これは後でしてもいいから。

M：承知いたしました。

男の人はこのあとまず何をしなければなりませんか。

4番

会社で女の人と男の人が話しています。男の人はまず何をしなければなりませんか。

F：上野さん、先週お願いした新製品のパンフレット、デザインの案はできましたか？

M：松田さんすみません、それがまだ仕上がっていないんです。今、素材を集めているところです。

F：そうなんですね。少し急いでもらえると助かります。来月の展示会で配布する予定なので、印刷の時間も考えるとあまり余裕がないかもです。

M：分かりました。素材が集まり次第、すぐにデザインに取り掛かります。どの部分

を優先したほうがいいでしょうか？

F：えっと、まず、表紙のデザインを最優先にしてほしいです。一番目立つ部分なので、印象に残るものにできるといいかと。それと、商品説明のページも、ポイントを絞ってほしいです。文字ばかりだと読みにくいので、図や写真を多めに入れてほしいですね。

M：なるほど。じゃあ、表紙と商品説明を先に仕上げて、細かい部分は後で詰めるようにします。

F：お願いします。あと、展示会のブースのレイアウトについてなんですけど、今までの案に少し変更があって。資料をメールで送るので、空いたときに目を通しておいてくれますか？

M：はい。

F：ありがとうございます。デザインが完成したら、まず私に見せてくださいね。展示会の準備も進めておきたいので、よろしくです。

男の人はまず何をしなければなりませんか。

5番

男の経営者と経営の専門家が話しています。男の経営者はこのあと新たに何をしますか。

M：アルバイトの子が長続きするにはどうしたらいいですかね。

F：そうですね。まずは、最初に仕事内容を
しっかりと理解してもらうことですか
ね。それと、現場に入る前に少しずつ業
務を経験させる「体験シフト」を設けて
みるのはどうでしょうか？

M：それはどのようにするんですか。

F：例えば、最初の数日は、ピーク時ではな
く比較的落ち着いた時間帯に働いてもら
って、店の雰囲気や基本的な業務に慣れ
てもらうんです。その後、徐々に忙しい
時間帯にも入ってもらうと、無理なく仕
事を覚えられると思います。

M：なるほど、それなら仕事に馴染みやすそ
うですね。ぜひ取り入れてみます。

F：あと、新人が入ったときに、先輩のアルバ
イトの人をメンターとして任命して、仕事
のフォローをしてもらうのもいいですよ。
新人が分からないことを聞きやすい環境を
作ると続けやすいかと思います。

M：メンター制度ですか。少し負担にならな
いですかね。

F：それなら、定期的に面談を行って、仕事
の悩みや意見を聞く時間を設けるのもい
いですよ。小さな不満でも早めに対処で
きれば、辞める理由が減りますから。

M：あ、それは普段からするようにはしてい
ますけど、もう少し気を使ってみます。

男の経営者はこのあと新たに何をしますか。

問題2 問題2では、まず質問を聞いてくだ
さい。そのあと、問題用紙のせんた
くしを読んでください。読む時間が
あります。それから話を聞いて、問
題用紙の1から4の中から、最もよ
いものを一つえらんでください。で
は、練習しましょう。

문제별 듣기

例

男の社員と女の社員が話しています。この男
の社員はどうして怒られたと言っていますか。

M：またやらかしちゃったよ。なんでいつも
こうなんだよ。

F：何かあったの？

M：昨日、上司に急ぎの仕事を任されてたん
だけど、他の案件でバタバタしててさ、
結局仕上げられなかったんだよ。それで
今朝、上司に報告したら、めちゃくちゃ
怒られてさ。

F：そうなんだ。でもそれだけでそんなに落
ち込む？

M：いや、実はそれだけじゃなくて。昨日、
帰る前に少しだけ休もうと思って、他
の同僚と雑談してたんだよね。そした
ら、上司がその様子を見てて、やるべき
仕事が終わってないのに何してるんだっ
て…。

F：なるほど、それはちょっと運も悪かっ
たね。

M：まあそうだね。「まずは仕事を終わらせてからにしろ」って言われたとき、ほんと返す言葉がなくてさ。

F：うん、でも仕方ないかもね。もう一度改めてしっかり謝ったほうがいいんじゃない？

この男の社員はどうして怒られたと言っていますか。

最もよいものは1番です。解答用紙の問題2の例のところを見てください。最もよいものは1番ですから、答えはこのように書きます。では、始めます。

1番

テレビでレポーターが職人にインタビューをしています。職人はこの地域で作られるかごが特に人気なのはどうしてだと言っていますか。

F：今日は、この地域の伝統工芸である竹細工について、職人の田中さんにお話を伺います。田中さんの作る竹のかごが特に人気だそうですが、その理由を教えていただけますか？

M：はい。うちのかごが人気なのは、まず軽くて丈夫だからです。竹を薄く削りながらも、しっかりとした強度を保つ技術は、代々伝わっている独自のものです。それに、竹の節目をうまく利用して、美しさを引き出しているのも特徴ですね。

F：竹の節目を使うんですか？

M：そうなんです。節目があることで、パターンができ、見た目が美しくなるんです。これが、一点一点違った表情を見せるので、比べて選ぶ楽しみもあるんですよ。それから、地元で育った竹は、気候の影響で繊維が細かく、柔らかいのにしっかりしているんです。この質の良さも、長く愛用される理由の一つです。

F：そうなんですね。たしかに見るだけでも満足できそうです。それから、環境にやさしいというのも、最近のニーズに合っていると思うんですが。

M：そうですね。竹は成長が速いので、工芸品の材料としてもぴったりです。

職人はこの地域で作られるかごが特に人気なのはどうしてだと言っていますか。

2番

カフェで男の人と女の人が話しています。男の人はどうして引っ越しをためらっていると言っていますか。

M：最近、引っ越ししようかどうか悩んでるんだ。

F：ああ、前、今のアパートが手狭だって言ってたよね。そろそろ決め時なんじゃない。

M：そうなんだけど、いざ引っ越しとなると、いろいろ不安でさ。

F：引っ越し自体が面倒ってこと？

M：それよりかは、一番心配なのは新しい場所の環境かな。今のところ、近所の人たちも親切だし、職場にも通いやすいんだ。でも、新しい場所だとその辺がどうなるかわからないし…。

F：でも、実際に住んでみないとわからないことって多いよ。

M：それもそうなんだよね。でも結局、新しい場所で慣れるまで時間がかかるんじゃないかって思ってさ。それに、引っ越しで今の友達と疎遠になったりしないかってことも気になるし。

F：なるほど、確かにそれは気になるよね。でも、新しいところには新しい出会いもあるだろうし、前向きに考えてみたら？

M：うん、そうだね。でもやっぱり、踏み出すのに勇気がいるな。

男の人はどうして引っ越しをためらっていると言っていますか。

3番

テレビでアナウンサーが男の人に大学入試の際の経験についてインタビューしています。男性がストレスを乗り越えることができたきっかけは何ですか。

F：最近、受験シーズンですが、今日は大学生の田中さんにお話を伺おうと思います。田中さんご自身も大学入試のときにかなり大変だったのことで。

M：はい、そうなんです。入試前の数ヶ月は、毎日のように朝から晩まで勉強していたんですが、どんどんプレッシャーが増していって。ストレスのせいで正直、どうしようもない気持ちになっていました。

F：それは大変ですね。どのように乗り越えたのでしょうか？

M：それがたわいないことなんですが、ある日家族と話してみると、ずいぶん気持ちが楽になったんです。特に、母親が自分の経験を話してくれて、僕が感じていることは特別なことじゃないって言ってくれて…。それがすごく安心しました。

F：家族との会話が大きな支えになったのですね。

M：そうですね。それからは、日々のストレス管理に少しずつ気を配るようにして、趣味の時間を少しだけでも持つようにしました。それが結果的に、精神的な余裕を作ってくれたと思います。

F：それがきっかけで、入試に対して前向きに取り組むことができたのですね。

M：はい、そうです。それ以降は、試験の結果に対するプレッシャーにも冷静に対応できるようになりましたね。

男性がストレスを乗り越えることができたきっかけは何ですか。

4番

大学の心理学の授業で、教授が学生たちに話しています。今日の授業で教授が取り上げるテーマは何ですか。

M：皆さん、こんにちは。今日から始まるこの授業では、人間が生涯にわたってどのように成長し、変化していくかを詳しく学んでいきます。幼少期から老年期までの発達を、それぞれの段階で見ていきますが、まず今日は初回なので、発達心理学の基本的な概念とその歴史的背景について紹介します。それから、発達心理学が社会や教育にどのように応用されているかにも簡単に触れたいと思います。教育現場での実践や、児童心理の観点からどういった支援が行われているかなどについて解説します。次回からは、幼児期からの発達プロセスに入りますが、今日はその前提となる知識をしっかり押さえておいてください。

今日の授業で教授が取り上げるテーマは何ですか。

5番

ラジオ番組で考古学者が最近発見された洞窟壁画について話しています。考古学者はこの壁画の発見でどんなことが最も重要だと言っていますか。

F：今日は、先月発見された西山洞窟の壁画についてお話しします。この洞窟は約11万2000年前のもので、壁画には狩猟の場面や動物の姿が鮮明に描かれています。面白いのは、この壁画に描かれている動物の種類とその配置です。これまでの研究では、この地域で大型の哺乳類が生息していたとされていましたが、壁画には鳥類や魚類に見える絵も描かれています。しかし、この壁画で特に注目すべきは、抽象的な図形や記号が描かれているところです。これらは単なる絵ではなく、何らかの意味を伝えるための文字や記号の可能性があると考えられています。もしこれが文字の一種であれば、文字の起源や歴史に関する従来の学説に至大な影響を与えるかもしれません。

考古学者はこの壁画の発見でどんなことが最も重要だと言っていますか。

6番

市役所で職員と建築の専門家が新しいコミュニティセンターの設計案について話しています。この案の中で職員は何について改善することにしましたか。

F：山田先生、先日お送りした設計案、ご確認いただけましたでしょうか。

M：もちろん、しっかり拝見しました。全体

的にはいいですが、いくつか気になる点があります。まず、駐車場の配置についてですが、現在の設計だと駐車スペースが敷地の奥に設けられていて、少し不便かもしれません。もう少し建物の近くに駐車場を配置するか、駐車しやすい動線を確保するなど、少し見直しが必要ではないかと思います。

F：なるほど、その点は検討の余地がありますね。動線についてはもう一度考え直してみます。駐車場の位置は建物に近付けたかったのですが、歩行者を優先しようという話でまとまりまして…。

M：そうですか。確かに最近はそのような配置が主流ですからね。あとは、入り口のホールのデザインですが、ガラスを多用していて、開放的であることは素晴らしいのですが、南向きなのが少し心配です。特に、この地域は夏が非常に暑くなるので。

F：そうなんですよ。我々もその点が心配でして、何かうまい解決方法はないでしょうか。

M：エネルギー効率にも関わってくるので、少し検討してみてください。最近は省エネも重要ですしね。ガラスに遮光フィルムを貼るか、外部に日除けを設置するだけでも十分よくなるかと思います。

F：はい。再度検討させていただきます。

この案の中で職員は何について改善することにしましたか。

問題3
文제별 듣기

問題3では、問題用紙に何も印刷されていません。この問題は全体としてどんな内容かを聞く問題です。話の前に質問はありません。まず話を聞いてください。それから、質問とせんたくしを聞いて、1から4の中から、最もよいものを一つえらんでください。では、練習しましょう。

例

女の人が男の人に新しくオープンしたレストランについて聞いています。

F：前言ってたレストランに行ってきたらしいじゃん。どうだったの。

M：うん、内装がすごくおしゃれで、落ち着いた雰囲気でよかったよ。料理も見た目はとても凝っていて、味も悪くなかった。なんだけど、値段にしては少し期待外れだったかな。もう少し驚きが欲しかったというか、何か特別なものがあれば、もっと良かったかも。それに、店員も少し無愛想な感じだったかな。まあでも、デートとか特別な日にはいいと思うよ。

男の人はレストランについてどのように思っていますか。

1. 内装が独特だが、料理の味にがっかりした
2. 料理の味は普通で、特に高くもない
3. 雰囲気が暗く、料理の値段に驚いた
4. 料理の見た目が印象的で、味は平凡だ

最もよいものは4番です。解答用紙の問題3の例のところを見てください。最もよいものは4番ですから、答えはこのように書きます。では、始めます。

1番

テレビで男の人が話しています。

M：皆さん、冷蔵庫に食材を保存する際、どのようにしているでしょうか？正しい方法を知らないと、食材が早く傷んだり、栄養価が低下したりすることがあります。例えば、トマトやバナナのような果物は冷蔵庫に入れると追熟が止まってしまい、味や風味が損なわれてしまいます。これらは常温で保存する方が良いです。一方で、葉野菜などは、冷蔵庫の野菜室やチルド室で保存すると鮮度を長く保つことができます。さらに、冷凍保存についても注意が必要です。冷凍するときは、食材を密閉容器やラップでしっかり包むことが大切です。空気に触れると酸化が進み、状態が劣化する原因になります。また、解凍する際には、冷蔵庫でゆっくり解凍する方法が一番おすすめです。急激な温度変化は、食材の食感や風

味を損なうことがあるからです。

男の人の話のテーマは何ですか。
1. 野菜を常温で保存する際に気をつけること
2. 食材の旬の時期と適切な保存方法
3. 食品の保存方法が食材の質や味に与える影響
4. 見た目で果物の状態を判断する方法

2番

ラジオで女の人が話しています。

F：子どもの頃に本を読むことは、言語能力を高めるだけでなく、想像力や集中力を養うことにもつながります。子どもが読書に興味を持つためには、周りのサポートが大切です。たとえば、親が本を読んでいる姿を見せたり、毎晩寝る前に一緒に絵本を読んだりすれば、自然と本に親しむようになります。さらに、読んだ本について話し合う時間を持つことで、読書が単に一人ですることではなく、家族や友人と楽しむものだと感じられるようになります。こうした取り組みが、子どもにとって読書を価値のあるものにする鍵となります。読書は一生の財産となりますので、ぜひ早いうちからその楽しさを伝えていきたいですね。

女の人は何について話していますか。

1．読書の価値を高めることができた経験
2．子どもに読書習慣を身に付けさせる方法
3．子どもが読書をする際にかけてあげるべき言葉
4．読書が子供の認知能力に与える様々な影響

3番

テレビで博物館の人が話しています。

F：今回の改装で特に気を配ったところは、来館者の皆さんがただ見るだけでなく、体験しながら学べる展示を充実させることでした。2階フロアには、タッチスクリーンを使ったデジタル展示を新たに設置しました。これにより、資料の詳細を自分で調べたり、拡大して見たりすることができるようになっています。また、QRコードを各展示物に設け、スマートフォンを使ってさらなる情報を確認することも可能にしました。さらに、今回新たに導入した「歴史バーチャル旅行」では、過去の出来事や風景を360度の視点で体験できます。これらを通して、来館者の皆さんが歴史をより身近に感じられるようになればと思います。

博物館の人は何について話していますか。
1．歴史から学べる情報
2．最新の技術を導入する方法
3．展示物の正しい閲覧方法

4．より分かりやすく展示する工夫

4番

テレビでレポーターが話しています。

M：ここ、緑ヶ丘市は温泉地として多くの観光客に人気があります。この温泉は昔から「美人の湯」として知られ、肌に良い成分が豊富に含まれていることで有名です。最近では、温泉の効能をさらに引き出すために、地元の特産品であるみかんなどの柑橘類を使った新しい取り組みが行われています。みかんを温泉に浸すことで、リラックス効果が高まり、心身ともにリフレッシュできるとのことです。実際に利用者からも「香りがよく、肌がすべすべになる」との声が多く寄せられています。さらに、温泉施設では新たにこの柑橘類を使った入浴剤も販売されるようになったそうです。ここの温泉の心地よさをお家でも楽しめるのは、とてもいいですね。

レポーターは何について伝えていますか。
1．地元でとれる果物を使った新しい試み
2．有名な温泉の歴史と利用客の反応
3．人気が高い温泉の香りの特徴
4．観光客を増やすための努力

5番

ラジオで男の人が話しています。

M：最近、ペットを飼う家庭が増えていますが、ペットの健康管理について考えている方はどれくらいいるでしょうか。特に、犬や猫の食事はとても大切です。市販のペットフードには栄養バランスがよく取れたものが多いですが、どのペットにも同じものが合うとは限りません。ペットフードだけでなく、年齢や活動量、健康状態に合わせた食事を提供することが重要です。また、定期的な健康診断も忘れてはいけません。特に、歯のケアは見落とされがちです。口内の健康は全身の健康に大きく影響します。歯磨きを嫌がるペットも多いですが、歯磨きガムや専用のおもちゃを使うことで、少しずつ慣らしていくといいでしょう。ペットは家族の一員ですから、健康を守るためにも、気を使ってあげましょう。

男の人は何について話していますか。

1．飼い主の健康管理の大切さ

2．ペットの日々のケア

3．ペットフードの選び方

4．健康診断を受ける周期

問題4　問題4では、問題用紙に何も印刷されていません。まず文を聞いてください。それから、それに対する返事

문제별 듣기

を聞いて、1から3の中から、最もよいものを一つ選んでください。では、練習しましょう。

例

F：あら、この案件の処理、あの木村君が全部やってくれたの？頼りになるわね。

M：1．いえいえ、私がきっちり後始末しておきます。

　　2．やっぱり新入社員ですから、まだまだですよね。

　　3．はい、まだ新人なのに、しっかり者なんですよ。

最もよいものは3番です。解答用紙の問題4の例のところを見てください。最もよいものは3番ですから、答えはこのように書きます。では、始めます。

1番

F：手術をしてからというものの食欲がどうもわかなくて…。

M：1．そうですか。何か消化がいいものを食べるのはいかがですか。

　　2．そうですね。手術の前はやっぱり緊張しますよね。

　　3．そうですよ。食欲の秋と言いますからね。

2番

F：こないだの会議で出た反対意見を受けて、少し修正してみました。

M：1．どれどれ、ちょっと見せてもらうよ。
　　2．そうなの？修正してもらっていい？
　　3．ああ、こないだの？ウケがよくて安心したよ。

3番

F：今の説明だと、どうもピンと来ないんだよね。

M：1．すみません。すっかり説明し忘れてました。
　　2．すみません。何かもっと違う方法で説明していただけますか。
　　3．すみません。もう一度、説明差し上げてもよろしいでしょうか。

4番

M：こんなにご迷惑をおかけしてしまい、大変申し訳ございません。

F：1．はい、次からは迷惑をかけないようにさせていただきます。
　　2．いやいや、そんなに迷惑をかけてしまったんですか。
　　3．いいえ、お互い様だから、そんなにお気になさらずに。

5番

F：部長の承認を経てからじゃないと、ダメじゃない？

M：1．あ、やっぱり承認してくれないっておっしゃってました？
　　2．あ、これはもう部長が承認済みなんですよ。
　　3．あ、ちょっと時間がかかっちゃいましたね。

6番

M：その日の体調次第で参加してもいいかな？

F：1．うん、その代わり予約したいから午前中には教えてね。
　　2．そっか、参加できなくて残念だね。お大事に。
　　3．わかった。体調が戻ったみたいで、ほっとした。

7番

F：来週水曜日の同じ時間帯に御社に伺ってもよろしいでしょうか。

M：1．もちろんです。では、その日程で伺いますので、よろしくお願い致します。
　　2．いや、やっぱり弊社よりも御社で打ち合わせさせていただきたいんですが…。

3. 申し訳ございません。あいにくその日は別件の打ち合わせがございまして…。

8番

M：いくら急いだところで、もう間に合わないと思うよ。

F：1. なんだかんだここまで早く来られたからね。
2. この近道から行くと、ちょっと早く行けるのよ。ほら早く。
3. うん、無事に着いてほんとによかったわ。

9番

F：試験前なんだから、教科書を読むなり、ノートを見直すなりすれば？

M：1. 自分でもわかってるんだけど、なかなかね。
2. 確かに、今回の試験は難しかったよね。
3. そうしとけばよかったって、後悔してるところだよ。

10番

M：いくら子ども向けの絵本といえども、内容がちょっと幼稚だと思うなあ。

F：1. ほんと、私には結構読み応えがあるわ。
2. やっぱり大人向けじゃないとね。
3. そうだよね。もうちょっと内容が凝ってればよかったのにね。

11番

F：その距離ならタクシーに乗るまでもないんじゃない？

M：1. そうだよね。ここから結構遠いもんね。
2. そうかなあ。歩いて行くにはちょっと微妙だと思って。
3. そっか。じゃあ、アプリでタクシー予約してみるね。

問題5　問題5では、長めの話を聞きます。この問題には練習はありません。問題用紙にメモをとってもかまいません。

문제별 듣기

1番

問題用紙に何も印刷されていません。まず話を聞いてください。それから、質問とせんたくしを聞いて、1から4の中から、最もよいものを一つ選んでください。では、始めます。

1番

放送局で社員たちが話しています。

F1：次の番組改編のときに、私が担当するこの番組もリニューアルしようと思ってるんです。もう何年も同じパターンで放送しているから、視聴者の方々にも飽きられてきてしまってるんじゃないかなと思いまして。何かいいアイデアはないですかね。

M：そうですね。視聴者のニーズが変わってきているので、もっと新しいアイデアが必要だと思います。例えば、若い人たちに人気のあるコンテンツを増やすとか。

F2：それは結構いいアイデアだと思います。やっぱり最近、SNSの影響力が大きくなっていますし、番組内容をSNSと連動させることで、視聴者の関心を引きやすくなるかもしれません。例えば、番組の中で視聴者に直接意見を聞いたり、リアルタイムで投票をするような仕組みを作るとか。

F1：いいですね。その方向で進めていくことにしましょうか。視聴者参加型の番組は、視聴者との距離感もうまく縮められるんじゃないですかね。

M：あと、特別なゲストに出演してもらったり、話題になっている内容を放送したりすることで、視聴率を上げる工夫もしてみるのはいかがでしょう。

F1：そうですね。それも必要ですね。SNSで事前告知みたいなこともしっかり行えば、番組の放送前から話題になったりす

ることもあるかもしれないですね。

F2：いいと思います。それなら、まずはSNSから準備していきましょうか。

M：あ、でも、ゲストの方に出演してもらうなら、事前にオファーをしておくことが必要だと思います。

F2：それもそうですね。

F1：わかりました。でも、やっぱりオファーの前に番組内での企画についてよく練ってからの方がいいと思うので、企画の準備と、それに先立ってSNSのセッティングからやっていった方がいいかもしれないですね。今日はいろいろとアドバイスいただき、大変助かりました。

視聴率を伸ばすために、社員たちはまず何をすることにしましたか。

1. 番組のSNSを開設する
2. 若者に人気のあるコンテンツを増やす
3. 特別なゲストに出演してもらう
4. 番組内の企画の準備をする

2番

まず話を聞いてください。それから、二つの質問を聞いて、それぞれ問題用紙の1から4の中から、最もよいものを一つ選んでください。では、始めます。

2番

ホテルの担当者がパッケージについて説明し

ています。

M1：本日は当ホテルで提供している宿泊
パッケージについてご説明します。ま
ず、Aパッケージには、宿泊はもちろ
ん、朝食とディナーも含まれており、
さらにスパの利用も無料でついてきま
す。ホカンスを楽しむにはうってつけ
の内容だと思います。それから、Bパ
ッケージは宿泊に朝食がついたシンプ
ルなパッケージです。特に、昼間はホ
テルの外にある他の観光スポットをご
利用される方に最適な内容となってお
ります。そして、Cパッケージはオン
ライン予約専用のパッケージなのです
が、宿泊だけのシンプルな内容になっ
ている代わりに、通常よりも20%割引
した価格で提供させていただいており
ます。最後にDパッケージは宿泊と朝
食、マッサージショップのクーポンが
含まれており、旅の疲れを癒すのにぴ
ったりな構成となっております。全て
のパッケージには、ウェルカムドリン
クもサービスでお付けしておりますの
で、チェックイン後にフロントまで電
話でご注文いただければと思います。

F：どれもよさそうだけど、私はホカンスが
したいから、これかこれかな。

M2：いいね。君はスパが付いてるパッケー
ジがいいんじゃない？

F：そうなんだけど、最近冷え込む日が多い
じゃない？だから、肩こりと腰痛がちょ
っとひどくて。久しぶりにマッサージで
も受けたいと思ってるんだ。

M2：じゃあ、これだね。安くできていいじ
ゃん。確かにお風呂は部屋にも付いて
るからね。入浴剤を別に持っていけば
いいと思う。

F：あなたはどのパッケージがいい？

M2：僕はシンプルなのがいいよ。昼はどっち
みち部屋を空けることが多いからさ。

F：そっか。なら、これだね。

M2：朝ごはんがあった方がいいか迷うけ
どね。

F：でも、ホテルの前に飲食店が結構ある
らしいわよ。

M2：そう。なら、これでいいか。

質問1．女の人は、どのパッケージを選ぶこ
とにしましたか。

質問2．男の人は、どのパッケージを選ぶこ
とにしましたか。

정답

언어지식(문자·어휘·문법)·독해

문제1	1	2	3	4	5
	2	2	4	2	1
	6				
	2				

문제2	7	8	9	10	11
	1	4	3	2	3
	12	13			
	1	4			

문제3	14	15	16	17	18
	1	2	3	4	2
	19				
	3				

문제4	20	21	22	23	24
	3	1	2	4	2
	25				
	1				

문제5	26	27	28	29	30
	3	1	1	1	2
	31	32	33	34	35
	2	3	3	3	4

문제6	36	37	38	39	40
	4	4	3	1	2

문제7	41	42	43	44	
	1	3	2	4	

문제8	45	46	47	48	
	4	3	1	3	

문제9	49	50	51	52	
	2	4	3	2	
	53	54	55	56	
	2	4	1	3	

문제10	57	58	59	
	1	3	4	

문제11	60	61		
	2	3		

문제12	62	63	64	
	1	1	2	

문제13	65	66		
	4	1		

청해

문제1	1	2	3	4	5
	1	4	2	3	2

문제2	1	2	3	4	5
	3	4	1	3	1
	6				
	4				

문제3	1	2	3	4	5
	2	3	4	4	1

문제4	1	2	3	4	5
	1	2	2	3	2
	6	7	8	9	10
	1	3	1	2	3
	11				
	2				

문제5	1	2		
		(1)	(2)	
	1	3	2	

問題１　問題１では、まず質問を聞いてください。それから話を聞いて、問題用紙の１から４の中から、最もよいものをを一つえらんでください。では、練習しましょう。

例

男の人が家族旅行の計画について女の人と話しています。女の人はこのあと何をしなければなりませんか。

M：そろそろ夏休みの旅行どうするか決めたいんだけど、どこか行きたい場所はある？

F：そうね、今年は温泉に行きたいって話してたわよね。

M：うん。なら、箱根か草津がいいと思うけど、どうかな？

F：どっちもいいけど、草津は少し遠いかもしれないね。

M：そうだね。それじゃ、箱根にしようか。じゃあ、ホテルはどうしようかな。

F：あ、私がネットで探しておくわね。あと、行く日にちも確認しておくわ。

M：それなら、一旦再来週の土日で探してくれる？

F：分かったわ。それから、車で行くならレンタカー手配しておいてくれる？やっぱり大きいほうがいいわ。

M：了解。

女の人はこのあと何をしなければなりませんか。

最もよいものは４番です。解答用紙の問題１の例のところを見てください。最もよいものは４番ですから、答えはこのように書きます。では、始めます。

１番

大学で男の学生と先生が話しています。男の学生はこのあとまず何をしなければなりませんか。

M：先生、レポート、見ていただけたでしょうか。

F：ああ、その件なら、何か所かもう少し詳しく書いてほしいと思ってね。特に、結論の部分がちょっと短いかな。

M：結論ですね。もう少し要約した内容を追加すればいいでしょうか。

F：うん、というより、結論に至るまでの過程が、少し明確じゃないところがあるから、そこを改善してほしいわね。分量が問題というより、内容がきちんと入ってない感じ。

M：わかりました。では、結論の前から直していけばいいですか？

F：そうね。結論の前の部分、特にデータ分析のところがちょっと弱いかな。もう少しデータを深く掘り下げて考察すると、

全体的に良くなると思うわ。あと、前言っていた比較分析のところはだいぶ良くなったわね。つながりの部分だけ気をつけてみて。

M：ありがとうございます。じゃあ、もう一度データを見直して、修正してみます。

F：ええ、そうしてみて。提出期限は来週の月曜日までだから、それまでに再提出してね。メールでいいから。

M：はい、ありがとうございます。

男の学生はこのあとまず何をしなければなりませんか。

2番
男の人と女の人が話しています。女の人はこれからどうしますか。

M：最近、運動始めたって聞いたけど、どう？順調？

F：実は、最初は頑張ってたんだけど、最近ちょっとさぼり気味で…。仕事が忙しくて、疲れてやらない日が続いちゃって。

M：ああ、それは大変だね。でも、どうにか続けられるといいのにね。

F：そうなんだよね。だから、どうやったら続けられるか考えてるんだけど、やる気がないときに無理してやるのも逆効果かなって。

M：確かに無理は禁物だけど、やる気が出ないときでも少しでも動けば、意外とそのまま続けられることもあるよ。たとえば、運動の時間を短くしてみるとか、軽めのメニューにするとか。

F：なるほど。でも今のままだと、なんとなく「やらなきゃ」ってプレッシャーが強くて。

M：そうだね、目標が漠然としてるからじゃない？たとえば、来月までに10キロ走れるようになるとか、もう少し具体的に設定してみたら？そしたらモチベーションも維持しやすくなると思うんだけど。

F：確かに。いっそのこと、マラソン大会にでるのを目標にしようかな。

M：いいね、無理なく自分のペースで続ける範囲でするようにね。

女の人はこれからどうしますか。

3番
大学で男の学生と女の学生が話しています。男の学生はこのあと何をしますか。

M：先輩、ちょっといいですか。実は、来週のゼミの準備が進まなくて…。

F：どうしたの？スライドがまだできてないとか？

M：それはなんとか形にはできたんですけど、プレゼンが不安で。人前で話すのが苦手なんですよ。

F：うーん、緊張するよね。でも、準備さえしっかりすれば大丈夫。もう何回か練習してみた？

M：はい、何度かやってみたんですが、どうしても上手くいかなくて。声が小さくなっちゃうし、途中で言葉が詰まってしまって。

F：そうだね。じゃあ、まずは鏡の前で話してみるのもいいかも。自分の表情や姿勢を確認しながら話すと、自然に声も出やすくなるよ。

M：鏡の前ですか？確かに、姿勢とかはあまり意識してなかったかもしれません。

F：あとは、プレゼンの流れを箇条書きにして、頭の中で整理しておくといいかもね。

M：なるほど、箇条書きですか。頭の中でちゃんと整理できてないと、焦ってしまうんですよね。

F：そうそう。あ、あと、質疑応答のことも忘れずにね。どんな質問が来ても答えられるように、いくつか想定しておいたほうがいいよ。

M：なるほど。少し考えながら準備してみます。

男の学生はこのあと何をしますか。

4番

会社で男の人と女の人が話しています。女の人はこのあとまず何をしなければなりませんか。

M：福田くん、ちょっと急ぎの件なんだけど。

F：はい。

M：実は、先週から進めている企画書なんだけど、営業部から急に修正の依頼が入ってさ。市場データの更新をしてほしいとのことなんだよ。

F：ああ、そうなんですね。それは急ですね…。でも、市場データって、今手元にある分では少し古いですよね。

M：そこが問題なんだよ。でも、今回はクライアントが要求しているらしいから、どうにかして対応しないといけないんだ。だから、外部と直接交渉して、必要な資料を早急に手に入れてもらえないか頼んでみてほしいんだ。

F：外部との交渉ですか…。それだと、こちらの予算内で収まるかどうかも心配ですね。そもそも、外部からの資料に関しては契約条件が厳しい場合も多いですし。

M：そうなんだよ。だから、その辺りも含めて予算内に収まるように、交渉を進めてほしい。それに、もしデータが間に合わなかった場合の案も考えておかなきゃね。

F：わかりました。もし間に合わなくて、今ある資料を使うようになった場合は、追加資料も必要かもしれませんね。

M：うん。締め切りは明後日の朝だから、それまでに何とかお願い。外部とのやり取りがうまくいかなかったらすぐに報告してくれ。

女の人はこのあとまず何をしなければなりませんか。

5番

レストランで店員と店長が話しています。店員はこのあとまず何をしなければなりませんか。

M：店長、今朝の仕入れについて、確認したいことがあるのですが。

F：どうしたの？何か問題でもあったの？

M：実は、届いた野菜が、少し傷んでいるようでして。お客様に出すには、ちょっと状態が良くないかと…。

F：うーん、それは困ったわね。どれくらい傷んでるの？

M：ぱっと見た感じ半分くらいですかね。特にトマトがひどくて、使えないかもしれません。

F：そう…。じゃあ、使い物にならないのをちゃんとチェックしてから、すぐに業者さんに連絡して。交換をお願いしないとだね。その間に、今日のランチメニューを少し調整しないといけないわ。

M：はい、すぐに確認します。もし間に合わない場合はどうしましょうか？

F：その時は、最悪の場合近くの市場で補充するしかないわね。一旦業者さんに連絡してみて。それと、次回からは納品時に状態をちゃんと確認するようにも言って

おいてね。

M：わかりました。

店員はこのあとまず何をしなければなりませんか。

文問題別 聞き

問題2 問題2では、まず質問を聞いてください。そのあと、問題用紙のせんたくしを読んでください。読む時間があります。それから話を聞いて、問題用紙の1から4の中から、最もよいものを一つえらんでください。では、練習しましょう。

例

男の社員と女の社員が話しています。この男の社員はどうして怒られたと言っていますか。

M：またやらかしちゃったよ。なんでいつもこうなんだよ。

F：何かあったの？

M：昨日、上司に急ぎの仕事を任されてたんだけど、他の案件でバタバタしててさ、結局仕上げられなかったんだよ。それで今朝、上司に報告したら、めちゃくちゃ怒られてさ。

F：そうなんだ。でもそれだけでそんなに落ち込む？

M：いや、実はそれだけじゃなくて。昨日、帰る前に少しだけ休もうと思って、他

の同僚と雑談してたんだよね。そしたら、上司がその様子を見てて、やるべき仕事が終わってないのに何してるんだって…。

F：なるほど、それはちょっと運も悪かったね。

M：まあそうだね。「まずは仕事を終わらせてからにしろ」って言われたとき、ほんと返す言葉がなくてさ。

F：うん、でも仕方ないかもね。もう一度改めてしっかり謝ったほうがいいんじゃない？

この男の社員はどうして怒られたと言っていますか。

最もよいものは1番です。解答用紙の問題2の例のところを見てください。最もよいものは1番ですから、答えはこのように書きます。では、始めます。

1番

テレビでアナウンサーと気象予報士が週末の天気について話しています。週末に注意すべき点は何ですか。

F：今週末、お出かけしようと考えている方も多いと思いますが、お天気はどうでしょうか？

M：そうですね、今週末は全体的に晴れる予定ですが、土曜日の午後から一部の地域で急な雷雨が予想されています。特に

山沿いの地域では、短時間に激しい雨が降る可能性がありますので、登山やキャンプなどのアウトドアを予定している方は、天気の急変に十分ご注意ください。また、気温も日中は高めですが、朝晩は少し冷え込みますので、服装も気をつけるといいですね。

週末に注意すべき点は何ですか。

2番

会社で男の人と女の人が話しています。女の人は何について悩んでいると言っていますか。

M：鈴木さん、最近どうですか。

F：仕事はそこそこなんですけど、チーム内の人間関係が少しやっかいで。

M：人間関係ですか？何が問題なんですか？

F：それが、新しく配属された山本さんのことで少し困っていて…。すごく優秀で、これまでの実績も申し分ないんですが、自己主張が強めで。他のメンバーとの間で少し摩擦が生じているんです。

M：それは厳しいですね。チームの全体の雰囲気も大切ですしね。

F：ええ。他のメンバーともバランスよく意見を交わせるようにしているのですが…。依然として彼女の強い態度が目立ってしまうんですよね。

M：難しいですね。でも、もしかしたら彼女

自身がそのことに気づいていないのかもしれませんね。山本さんと直接話してみましたか。

F：考えてみたんですけど、指摘すると逆効果になってしまうのではないかが心配なんです。どうするか悩みどころです。

女の人は何について悩んでいると言っていますか。

3番

男の人と女の人が話しています。女の人は手帳を使う理由は何だと言っていますか。

M：へえ、手帳使ってるんだ。

F：うん。

M：スマホのアプリの方が便利じゃない？

F：そうね。でも、手帳には手帳なりの良さがあるのよ。

M：そうなの？

F：うん。私は、手書きでするほうが記憶に残りやすいんだ。予定を一度頭の中で整理できるし。

M：確かに、手書きだともっと意識して予定を確認する感じがするかもね。でも、なくしたりするの怖くない？ペンも一緒に持ち歩かなきゃいけないだろうし。

F：そうかもしれないけど、手帳はただのスケジュール管理だけじゃなくて、自分の気持ちや、その日のちょっとした出来事

なんかもメモしておけるから、後から見返すと「こんなことがあったんだな」って思い出せるのが楽しいの。

M：なるほど、それ自体が日々の記録にもなるってわけだ。

F：そうそう。だから、手帳に書く時間を大切にしてるのよ。

女の人は手帳を使う理由は何だと言っていますか。

4番

電気店で男の社員と女の社員が話しています。新しい洗濯機を売るために、どうすることにしましたか。

M：洗濯機の売り上げが少し落ち込んでるみたいだね。

F：そうですね。お客さんの声を聞くと、今のがまだ使えるから、わざわざ買い替える必要がないって言われることが多いです。

M：なるほど。じゃあ、どうやってお客さんに買い替えの魅力を感じてもらえるかが課題だね。

F：はい。例えばこのモデルとかは省エネで、節水機能も優れているんですけど、それをアピールする方法がいまいち足りてないかもしれないですね。

M：そうか。機能の違いをもっと積極的に伝える必要があるってことだね。どうすれ

ばいいと思う?

F : うーん。例えば、店内に新しいモデル
を紹介する場を設けるのはどうでしょう
か。実際にどれだけ静かで、どれだけ水
と電気を節約できるかをその場でお見せ
すれば、もっと興味を引けるんじゃない
かと。

M : いい考えだね。あと、洗濯機の買い替え
キャンペーンとして、古い洗濯機の下取り
サービスをするのもいいかもしれない。

F : そうですね。

M : よし、それでいこう。早速準備を進めよ
うか。

新しい洗濯機を売るために、どうすることに
しましたか。

5番
ラジオで評論家が映画監督について話してい
ます。この映画監督の作品で最も注目されて
いる点はどこだと言っていますか。

F : はい、今日は、国内外で注目を集めてい
る映画監督、佐藤健二の作品についてお
話しします。佐藤監督の作品には、いく
つもの魅力が詰まっていますが、まず目
を引くのは、映像の美しさでしょう。独
特なカメラワークと光の使い方が、独自
の雰囲気を作り上げていて、これが観客
を一瞬で佐藤監督が作る世界に引き込む

のだと思います。えー、それから、台詞
を極力抑えつつも、登場人物の感情や
人間関係を巧みに描く演出力もその魅力
の一つでしょう。もちろん、ストーリー
の構成自体も繊細で心に響くものが多い
ですが、やはり、佐藤監督の作品の一番
の魅力は、その圧倒的な映像と演出力に
あると言えるでしょう。

この映画監督の作品で最も注目されている点
はどこだと言っていますか。

6番
テレビでアナウンサーが料理研究家にインタ
ビューをしています。料理研究家は新しいレ
シピを考える際に何を一番重視したと言って
いますか。

F : 本日は、人気の料理研究家、江尻さんにお
話を伺います。江尻さん、いつもユニーク
なレシピを発表されていますが、新しいレ
シピを考える際に、特にどの点を重視され
ているのでしょうか。

M : はい、何を作るかにもよりますが、やは
り簡単に作れることかなと思います。ど
んなにおいしい料理でも、家庭で再現で
きなければ意味がありませんから。

F : 確かに、それは重要ですね。健康面など
も考慮されていますか?

M : はい、栄養バランスも重視しています

が、特に最近は、忙しい方々でも時短で栄養をしっかり取れるようなレシピを工夫しています。食材の組み合わせによって、短時間で調理できる方法を模索するのが重要ですね。

F：忙しい現代人にぴったりですね。他に、食材などはどうされていますか?

M：はい、もちろん季節に合った食材を使うようにしていますけど、手に入りやすいものを選ぶようにしています。そうすることで、無理なく作れるレシピになりますから。

F：なるほど。

料理研究家は新しいレシピを考える際に何を一番重視したと言っていますか。

問題3　問題3では、問題用紙に何も印刷されていません。この問題は全体としてどんな内容かを聞く問題です。話の前に質問はありません。まず話を聞いてください。それから、質問とせんたくしを聞いて、1から4の中から、最もよいものを一つえらんでください。では、練習しましょう。

문제별 듣기

例
女の人が男の人に新しくオープンしたレストランについて聞いています。

F：前言ってたレストランに行ってきたらしいじゃん。どうだったの。

M：うん、内装がすごくおしゃれで、落ち着いた雰囲気でよかったよ。料理も見た目はとても凝っていて、味も悪くなかった。なんだけど、値段にしては少し期待外れだったかな。もう少し驚きが欲しかったというか、何か特別なものがあれば、もっと良かったかも。それに、店員も少し無愛想な感じだったかな。まあでも、デートとか特別な日にはいいと思うよ。

男の人はレストランについてどのように思っていますか。

1. 内装が独特だが、料理の味にがっかりした
2. 料理の味は普通で、特に高くもない
3. 雰囲気が暗く、料理の値段に驚いた
4. 料理の見た目が印象的で、味は平凡だ

最もよいものは4番です。解答用紙の問題3の例のところを見てください。最もよいものは4番ですから、答えはこのように書きます。では、始めます。

1番

テレビでレポーターが話しています。

F：こちら、レポーターの鈴木です。今、私が訪れているこの地域では、新しい取り組みが始まっています。高齢化と若者の都市部への流出が進む中で、農地を再

生し、地域全体の経済を活性化させようという試みが始まったとのことです。特筆すべきは、従来の農法と最新のテクノロジーを組み合わせた点です。例えば、ドローンやセンサーを活用して効率的に農作物を管理しつつ、有機農法を取り入れて環境への負荷も最小限に抑えているといいます。さらに、町ではこの取り組みを地域の観光にも活用しようとしています。農業体験やエコツーリズムを組み合わせることで、新たな地域経済の軸を作り出そうという狙いです。これらが地域の発展にどのように貢献するかが注目ですね。

レポーターは主に何について伝えていますか。
1. 観光客の増やし方
2. 地域の農業プロジェクト
3. 農地の再生方法
4. 地域の農作物の魅力

2番

大学で先生が話しています。

M：近い将来、世界人口の増加に伴って、現在の畜産業では食糧需要を十分に満たすことが難しくなると予想されています。そのため、最近では代替たんぱく質が次世代の食糧供給を支える重要な鍵として注目されています。特に、昆虫食や培養肉、植物由来のたんぱく質が候補としてあげられています。しかし、これらが実現可能かを判断するうえで、壁となるのは技術的な課題だけでなく、消費者の心理的な抵抗も大きいです。特に、昆虫食に関しては普及にかなり時間がかかるかもしれません。一方で、培養肉に関しては、技術の進歩により、味や食感が従来の肉に近づきつつあり、大手食品企業も多額の投資をしています。加えて、植物由来の代替肉も既に多くの国で商業化されており、消費者が実際に購入できるようになっています。

先生は主に何について話していますか。
1. 日常の中の培養肉
2. 代替たんぱく質への抵抗感
3. 未来の食糧問題への備え
4. 食糧供給の技術的な問題

3番

テレビで男の人が話しています。

M：皆さん、睡眠負債という言葉を聞いたことがありますか？日々の忙しい生活の中で、少しずつ睡眠時間を削ることがありますが、それが積み重なると睡眠負債と呼ばれる状態になるのです。これは、睡眠が不足すると、その分を後で取り戻さなければならないという考え方です。

驚くことに、この負債は週末にまとめて寝ても解消されないんだそうです。長期間の睡眠不足は集中力の低下や免疫力の低下だけでなく、心臓病や肥満のリスクも高めることが分かっています。しかし忙しい人は、毎日十分な睡眠時間を確保するのは難しいです。そこで有効なのが、日中の短い昼寝、いわゆるパワーナップです。たった20分ほどの昼寝で、脳がすっきりとし、その後の作業効率が大幅に向上するんです。今後、会社や学校でもお昼寝タイムが推奨される日が来るかもしれませんね。

男の人はどのようなテーマで話をしていますか。

1. 寝る時間を確保する方法
2. 睡眠時間と免疫力の関係性
3. 十分な睡眠をとることの大切さ
4. 睡眠不足による影響と解決方法

4番

テレビで農業の専門家が話しています。

M：垂直農法は、最近注目を集めている新しい農業技術の一つで、特に都市部などの土地が限られている地域で普及しつつあります。通常は、農業といえば広大な平地を必要としますけど、垂直農法では建物の中で棚を多層構造にして作物を育てるので、土地の利用効率を劇的に向上させることができるんです。この技術の大きな利点は、天候や季節に依存せずに作物を生産できるというところです。屋内で行うため、光や温度、湿度などの環境を完全に管理することができます。ですが、課題もないわけではないんです。例えば、初期投資コストが高い点や、照明や空調設備などの運用費が少し負担な点がありますね。特にエネルギーの消費量は最優先で改善するべきところだと思います。

専門家の話のテーマは何ですか。

1. 天候が農産物の質へ与える影響
2. 新しい農業方法の開発過程
3. 農業でのエネルギー効率を上げる方法
4. 都市での効率的な農業方法

5番

大学の授業で先生が話しています。

M：えー、みなさん、今日は今学期の授業についてお伝えします。この授業では、日常で活用されている最新技術について学びます。例えば、この介護ロボットですね。まず、これに関しては、ロボット工学や人工知能が大きな役割を果たしています。たとえば、ロボットが高齢者の動きを検知し、転倒を予測してサポート

する機能や、音声認識による対話型のシステムを用いて、高齢者が一人でいても安心して生活できる環境を提供することが可能です。さらに、これらのロボットには、ビッグデータも活用されています。ロボットが収集したデータは、リアルタイムで医療従事者や家族と共有され、遠隔での健康管理や介護が可能になります。こうした技術は、特に人口が減少し、労働力が不足している地域での介護の需要に応えるために非常に重要だといえます。

今学期の授業のテーマはどのようなことですか。

1. 科学技術の活用事例
2. 介護ロボットの開発過程
3. 高齢化社会が抱える課題
4. ロボットと人の共存

問題4 問題4では、問題用紙に何も印刷されていません。まず文を聞いてください。それから、それに対する返事を聞いて、1から3の中から、最もよいものを一つ選んでください。では、練習しましょう。

문제별 듣기

例

F：あら、この案件の処理、あの木村君が全部やってくれたの？頼りになるわね。

M：1. いえいえ、私がきっちり後始末しておきます。

2. やっぱり新入社員ですから、まだまだですよね。

3. はい、まだ新人なのに、しっかり者なんですよ。

最もよいものは3番です。解答用紙の問題4の例のところを見てください。最もよいものは3番ですから、答えはこのように書きます。では、始めます。

1番

M：彼女に会うと、いつも愚痴ばっかりで困っちゃうよ。

F：1. まあまあ、聞き流せばいいじゃない。
2. 実際に行動してくれないなんて、ひどいわね。
3. 優しい性格でよかったね。

2番

F：隣のチームのプロジェクト、社長の一声で打ち切りになったんだって。

M：1. へえ、すごいじゃないですか。やりましたね。
2. 結構がんばって準備してきたのに、残念ですね。
3. 社長と一緒に進めていくことになったんですね。

3番

F：こないだ初めてスノーボードに行ったんですけど、もう二度とやるもんかって思いました。

M：1．おもしろいですよね。次行くときは、僕も一緒に行っていいですか。

　　2．ええ、どうしてですか。難しかったからですか。

　　3．そうですよね。二回以上すると、面白さがわかると思いますよ。

4番

M：彼女、周囲の反対をおして、結婚したんだって。

F：1．反対してた人たちを無事説得できたんですね。

　　2．周りの人たちに祝ってもらいながら、幸せだろうね。

　　3．見た目によらず、結構度胸あるんだね。

5番

F：あら、やだ。これ、ほこりだらけじゃない。

M：1．そうでしょう。僕が大事に保管してる宝物なんだ。

　　2．ずっと机の上に置きっぱなしにして

たからね。後で拭いとくよ。

　　3．そんなに嫌いなの？好き嫌いはよくないと思うよ。

6番

M：あの、つまらないものですが、お茶でもどうぞ。

F：1．ええ、すみません。お構いなく。

　　2．はい、ちょっとつまらないですよね。

　　3．いえいえ、どういたしまして。

7番

F：部長、昼食はもう召し上がりましたか。

M：1．おお、いいね。会社の前にある食堂に行こうか。

　　2．いや、まだ召し上がらないんだって。

　　3．うん、実はさっき会議の合間にね。

8番

M：ゴールが決まったと思いきや、オフサイドで無効になってしまいましたね。

F：1．本当。あと少しだったのに。

　　2．すごい。あの強敵相手にゴールを決めるなんて。

　　3．えっ、もう試合終了なんですね。

9番

F：新年会、前言ってた店に電話したら、キャンセルが出ない限り席を取るのは難しいって。

M：1．予約してくれたんだ。ありがとう。
　　2．なら、他の店に当たってみる？
　　3．キャンセルが難しい店なんだね。

10番

M：年末セールとあって、どのフロアも人がいっぱいだね。

F：1．新年になったから、いろいろ新調するんじゃないですか。
　　2．閑散としてるのも、買い物するには悪くないね。
　　3．そうね。私、人混みは苦手なんだよね。

11番

F：恐れ入りますが、身分証明書の確認がお済みでないと入場いただくことができません。

M：1．そんな。お済みだって伺ってるんですが…。
　　2．少々お待ちいただけますか。持って来てたはずなんだけど。
　　3．あ、すみません。そこを何とか入場していただけませんでしょうか。

問題5

문제별 듣기

問題5では、長めの話を聞きます。この問題には練習はありません。問題用紙にメモをとってもかまいません。

1番

問題用紙に何も印刷されていません。まず話を聞いてください。それから、質問とせんたくしを聞いて、1から4の中から、最もよいものを一つ選んでください。では、始めます。

1番

学校で先輩二人と女の後輩が話しています。

F1：先輩、私今度の週末に美術展を見に行こうと思うんですけど、おすすめの展示ありませんか。

M：おお、いいね。西洋美術が好きなら、学校の近くにある「市立美術館」で今やってる展示があるんだけど、おすすめだよ。

F2：私は日本美術が好きだから、駅前にある「アートセンター」で今やってる特別展示もいいと思うよ。どんな展示が好みなの？

F1：そうですね。私、ヨーロッパの風景画が好きで、特に近世に描かれたようなものが好きなんですよ。先輩方も市立美術館に見に行かれたんですか。

M：うん、もちろん。僕は実際に行ってきたよ。でも、そこは風景画よりも人物画が

多かったかな。風景画が好きなら、「ポ
ピュラミュージアム」っていうところに
たくさん展示されてたよ。作家ごとの特
別展示も一緒にやってて、内容が豊富な
のもよかった。

F2：そこも西洋画なの？

M：ううん、そこは西洋だけじゃなくていろ
んな国や地域の絵画が一緒に展示されて
たよ。

F1：それはいいですね。初めて聞きまし
た。学校からも行きやすいところにあ
りますか。

M：バスで行かなきゃいけないんだけど、確
か1回乗り換えがあったな。

F1：そっか。なら、学校帰りに行くより、
週末にちゃんと時間取って行ったほう
がよさそうですね。

F2：そういえば、最近できた新しい美術
館なんだけど、「竹山美術館」ってと
こでは、再生アート展をやってるんだ
って。使われなくなった古い制服とか
カバンとかで作品を作って展示してる
らしいんだけど、見た人はみんな面白
いって言ってたよ。私はまだ見に行っ
たことないんだけどね。一緒に行って
みない？

M：そこはどこにあるの。

F2：駅前からバスで1本だよ。

F1：迷っちゃうなあ。でも、やっぱり学校
帰りに行きやすいところで、風景画以

外にも見られる展示に行こうかな。い
ろいろ教えていただき、ありがとうご
ざいました。

女の後輩はどこに行くことにしましたか。

1．市立美術館

2．アートセンター

3．ポピュラミュージアム

4．竹山美術館

2番

まず話を聞いてください。それから、二つの
質問を聞いて、それぞれ問題用紙の1から4
の中から、最もよいものを一つ選んでくださ
い。では、始めます。

2番

テレビのアナウンサーが子ども連れの家族にお
すすめのスポットについて説明しています。

F1：皆さんこんにちは！本日は、お子様連
れのご家族にもおすすめしたいスポッ
トを4つご紹介します。週末やお休
みの計画を立てる際に、ぜひ参考に
してくださいね。まずは、「みらい
動物園」です。動物好きなお子さんに
はたまらない場所ですよね。特に今期
間限定でふれあいコーナーを開放して
いて、そこではヤギやウサギと一緒に
遊ぶこともできます。家族みんなで動物

たちの世界を楽しんでみてはいかがで
しょうか。次にご紹介するのは「ひろ
ば公園」です。広い芝生エリアや遊具
のある広場で、お子さんたちは思いっ
きり遊ぶことができます。ピクニック
気分でお弁当を持っていくのもおす
すめです。3つ目は「スペース科学
館」です。子供向けの展示や体験コー
ナーが充実していて、遊びながら学べ
るのが魅力です。特にプラネタリウム
が大人気！親子で一緒に新しい発見を
するのも楽しそうですね。最後にご紹
介するのは「マジックパーク」です。
テーマパークでお子さんの大好きなキ
ャラクターたちに会ったり、アトラク
ションでスリルを楽しんだりすること
ができます。写真スポットもたくさん
ありますよ。特別な思い出を作るのに
ぴったりです！

M：明後日から連休だし、ゆうたも連れて家
　　族でどこか行ってみようか。

F2：そうね。ゆうた、最近動物に興味あ
　　るみたいだから、動物と一緒に触れ合
　　えるところがいいかしら。あ、でも、
　　最近宇宙にも興味あるって言ってたし
　　なぁ。

M：星空を見るとか、いいんじゃない？

F2：うん、そうだね。一緒に新たな発見が
　　できるって言ってたし、よさそうね。
　　あなたはどれがいいと思う？

M：僕は体験もいいけど、アクティブに活動す
　　るのも大事だと思うんだ。キャッチボー
　　ルしたり、遊具で遊んだりしながら、家
　　族で写真を撮るのもいいと思う。

F2：なら、三脚スタンドも持っていこう。

M：うん。連休中に家族で思い出、たくさん
　　作れるといいな。

質問1. 女の人は、どのスポットがいいと
　　　言っていますか。

質問2. 男の人は、どのスポットがいいと
　　　言っていますか。

정답

언어지식(문자·어휘·문법)·독해

문제1	1	2	3	4	5
	2	4	3	2	2
	6				
	1				
문제2	7	8	9	10	11
	1	3	2	4	1
	12	13			
	2	2			
문제3	14	15	16	17	18
	4	2	1	4	4
	19				
	3				
문제4	20	21	22	23	24
	1	2	1	3	4
	25				
	2				
문제5	26	27	28	29	30
	2	4	4	1	1
	31	32	33	34	35
	2	3	3	4	1

문제6	36	37	38	39	40
	4	4	1	3	1
문제7	41	42	43	44	
	2	4	1	3	
문제8	45	46	47	48	
	2	3	3	1	
문제9	49	50	51	52	
	1	2	4	2	
	53	54	55	56	
	1	1	3	4	
문제10	57	58	59		
	1	2	3		
문제11	60	61			
	3	1			
문제12	62	63	64		
	2	1	3		
문제13	65	66			
	2	4			

청해

문제1	1	2	3	4	5
	3	2	2	3	1
문제2	1	2	3	4	5
	1	3	4	2	2
	6				
	1				
문제3	1	2	3	4	5
	2	4	1	2	3

문제4	1	2	3	4	5
	2	2	2	1	2
	6	7	8	9	10
	3	3	1	1	2
	11				
	1				

문제5	1	2		
		(1)	(2)	
	2	1	4	

전체 듣기

問題1 問題1では、まず質問を聞いてください。それから話を聞いて、問題用紙の1から4の中から、最もよいものを一つえらんでください。では、練習しましょう。

文제별 듣기

例

男の人が家族旅行の計画について女の人と話しています。女の人はこのあと何をしなければなりませんか。

M：そろそろ夏休みの旅行どうするか決めたいんだけど、どこか行きたい場所はある？

F：そうね、今年は温泉に行きたいって話してたわよね。

M：うん。なら、箱根か草津がいいと思うけど、どうかな？

F：どっちもいいけど、草津は少し遠いかもしれないね。

M：そうだね。それじゃ、箱根にしようか。じゃあ、ホテルはどうしようかな。

F：あ、私がネットで探しておくわね。あと、行く日にちも確認しておくわ。

M：それなら、一旦再来週の土日で探してくれる？

F：分かったわ。それから、車で行くならレンタカー手配しておいてくれる？やっぱり大きいほうがいいわ。

M：了解。

女の人はこのあと何をしなければなりませんか。

最もよいものは4番です。解答用紙の問題1の例のところを見てください。最もよいものは4番ですから、答えはこのように書きます。では、始めます。

1番

美術館で男の人と女のスタッフが話しています。男の人はこのあと何をしますか。

M：すみません、こちらの美術館の年間パスについて伺いたいのですが、今申し込みってできますか？

F：はい、もちろんです。こちらの申込用紙にご記入いただければ、すぐに発行いたします。

M：わかりました。料金はいくらですか？

F：5,000円です。お支払いは現金かカードでお願いします。

M：この特典っていうのはなんですか。

F：はい、年間パスには特典がありまして。ご自由に展示に入場いただけるほか、音声ガイドも1回無料でご利用いただけます。

M：なるほど。それはいいですね。あと実は今、特別展示も気になっていまして、それも見ることはできますか？

F：はい、特別展示も年間パスの対象ですので、ご覧いただけます。ただ、混雑して

いる時間帯は整理券が必要ですので、入館前に受付で確認してください。

M：いいですね。あ、この展示のパンフレットもいただけますか？詳細が見たくて。

F：パンフレットは入り口のスタンドにございます。館内の案内や、次回の企画展の情報も載っていますので、ぜひ一緒にご確認ください。

男の人はこのあと何をしますか。

2番

男の人と女の人が話しています。女の人はどうしますか。

M：さっきから真剣そうに、何か探してるの？

F：次の連休に京都旅行へ行く予定で、ホテルを見てるんだけど、なかなかいいのがなくて。観光シーズンだからか、どこも混んでるの。

M：前々からやっとかないと。京都は人気だもんね。で、どんなホテルを探してるの？

F：できれば観光地に近くて、雰囲気の良いところがいいなって思ってるの。でも、予算が限られてるから、あんまり贅沢できないし…。それに、外国人観光客も多いから、静かで落ち着いた場所が見つかるかどうか不安で。

M：少しエリアを広げてみたら？比較的静かでいいホテルが見つかるかもよ。僕も前

に行った時、中心部を避けたらいい宿が取れたんだ。

F：なるほどね。確かに、中心部にこだわると高くなるもんね。でも、交通の便とか気にならないかな？

M：うーん。どこに行きたいかにもよるよね。でも結局、行きたいところが多いなら、どこもそんなに変らないんじゃない。

F：そっか。じゃあ、今回はあんまり観光地には行かないで、ゆったりしようかな。

M：悪くないと思うよ。なら、予算もまああ抑えられるんじゃない。

F：うん！一旦それで考えてみる。ありがとう。

女の人はどうしますか。

3番

図書館で男の学生と女の職員が話しています。男の学生はこのあとまず何をしますか。

M：すみません、ちょっとお聞きしたいんですが。

F：はい、どうぞ。

M：実は、昨日借りた本に少し破れているページがあって、それに気づかず持ち帰ってしまったんです。どうしたらいいですか？

F：ご報告ありがとうございます。今その本はお持ちでしょうか。

M：あ、今日は持って来るの忘れたんです

けど。

F：でしたら、返却時に受付で破れた箇所について教えていただけると助かります。ちなみに、その本の題名はご存知でしょうか。

M：あ、ちょっと今確認します。それから、修理にかかる費用はどうなりますか？

F：いいえ、費用のご負担はありませんのでご安心ください。本の修理は私たちが行いますので、そのままでお持ちください。

M：それなら安心しました。じゃあ、次の返却日までにそのまま返しても大丈夫ですね。

F：はい、よろしくお願いします。

男の学生はこのあとまず何をしますか。

4番

学校で男の先生と女の先生が話しています。女の先生はこのあとまず何をしなければなりませんか。

M：鈴木先生、来週の修学旅行について確認したいんですが。

F：はい、何かありましたか？

M：実は、バス会社から連絡がありまして、当日の集合場所を校門前から体育館の横に変更してほしいそうなんです。生徒にも周知をお願いします。

F：わかりました。お知らせも作っておきますね。

M：それと、保護者の同意書の方はどうなっていますか？今週中に全員分を回収しておきたいんですけど。

F：はい、同意書はもう配ってあるので、早く提出するように言っておきます。

M：お願いします。今のところ、当日天候が少し不安定になるかもしれないですね。心配です。

F：そうですね。持ち物リストに雨具も追加しておいたのですが。

M：今のところ傘は必ず持って来るようにさせないとですね。じゃあ、またスケジュールが確定したら、共有しますね。

F：よろしくお願いします。

女の先生はこのあとまず何をしなければなりませんか。

5番

電話で男の人と女の人が話しています。男の人はこのあと何をしなければなりませんか。

M：はい、こちら配送センターです。

F：あ、すみません、先日お願いした家具の配送について確認したくて。今日の3時に来る予定だったのですが。

M：それは申し訳ございません。お名前を教えていただけますでしょうか？

F：はい、田中です。

M：ありがとうございます。確認いたします

ね…あ、確かに遅延が発生していますね。こちらの地域全体的に配送に遅れが出ているようです。田中様のご注文は明日の午前中にお届け予定と表示されています。

F：そうですか。明日の午前中は家を空ける予定でして…夕方に変更できますか？大体7時ごろとか…。

M：かしこまりました。配送担当者に7時以降の配送に変更するよう手配いたします。念のため、明日配送前に確認のお電話も差し上げます。

F：それなら助かります。あと、組み立てサービスも追加したんですが、変更した時間でも問題ないですかね？

M：もちろんです。現在の注文内容ですと棚とベッドの2つとなっていまして、そうなると作業が1時間以上かかるかもしれませんが、それでもよろしいでしょうか？

F：ええ、それで構いません。

男の人はこのあと何をしなければなりませんか。

問題2 問題2では、まず質問を聞いてください。そのあと、問題用紙のせんたくしを読んでください。読む時間があります。それから話を聞いて、問題用紙の1から4の中から、最もよいものを一つえらんでください。で

は、練習しましょう。

例

男の社員と女の社員が話しています。この男の社員はどうして怒られたと言っていますか。

M：またやらかしちゃったよ。なんでいつもこうなんだよ。

F：何かあったの？

M：昨日、上司に急ぎの仕事を任されてたんだけど、他の案件でバタバタしててさ、結局仕上げられなかったんだよ。それで今朝、上司に報告したら、めちゃくちゃ怒られてさ。

F：そうなんだ。でもそれだけでそんなに落ち込む？

M：いや、実はそれだけじゃなくて。昨日、帰る前に少しだけ休もうと思って、他の同僚と雑談してたんだよね。そしたら、上司がその様子を見てて、やるべき仕事が終わってないのに何してるんだって…。

F：なるほど、それはちょっと運も悪かったね。

M：まあそうだね。「まずは仕事を終わらせてからにしろ」って言われたとき、ほんと返す言葉がなくてさ。

F：うん、でも仕方ないかもね。もう一度改めてしっかり謝ったほうがいいんじゃない？

206 　이번에 제대로 합격! JLPT N1 실전모의고사

この男の社員はどうして怒られたと言っていますか。

最もよいものは1番です。解答用紙の問題2の例のところを見てください。最もよいものは1番ですから、答えはこのように書きます。では、始めます。

1番

学校で女の卒業生と男の先生が話しています。女の卒業生は、何にがっかりしていると言っていますか。

F : 先生、お久しぶりです。

M : おう、佐藤じゃないか。元気そうだね。仕事のほうはどうだい?

F : まあ、それなりにやってますけど…。なんていうか、あまりしっくり来てないんです。高校生の頃に考えてた理想の仕事とは違うというか…。

M : なるほど。社会に出ると、学生のときに思い描いていたものと違うことが多いからな。でも、何が一番悩みなんだ?

F : そうですね…。毎日同じような業務ばかりなことですかね。特にこの前、大きなプロジェクトに配属される予定だったんですけど、直前で急に外されてしまって。それがショックで…。

M : それは残念だったな。頑張って準備もしてただろうに。

F : はい、すごくやる気出して勉強もしてた

んです。でも、それ以上にモヤモヤしてるのが、同期たちとの関係なんです。皆、表面上は仲がいいんですけど、裏では情報もあまり共有してくれないんです。職場の人間関係がこうもギスギスしているとは思ってもいませんでした。

M : そうか。高校の友達関係とは随分違うよな。同期と切磋琢磨するのも必要かもしれないけど、それがストレスになるなら考えものだな。

F : はい。いろいろと大変なんです。でもまだ始めたばかりなので、もう少し頑張ってみようかと思います。

女の卒業生は、何にがっかりしていると言っていますか。

2番

女の人と男の人が話しています。女の人は映画館が閉館する理由が何だと言っていますか。

F : 聞いて、あの映画館、来月で閉館するんだって。

M : えっ、本当?あそこって、この前リニューアルしてなかったっけ?座席もふかふかになって、スクリーンもすごく綺麗になったって聞いたけど。

F : そうなのよ。私もリニューアル後に一度行ったんだけど、すごく良くなってたわ。でも、それでもお客さんがあまり

増えなかったみたいでね…。最近は、映画館に行かなくても自宅で簡単に映画が見られるから、来る人が減ってるんだって。特に大作とかじゃないと、時間とお金をかけて映画館で観る必要がないって人が多いのかも。

M：確かに。でも、大きなスクリーンで見るのが魅力じゃないのかな。それでも駄目だったのか…。

F：それに、立地もあまり良くなかったんじゃないかと思うの。あそこ、郊外だから、車がないと行きにくいし、バスの本数も少なくてさ。その分、近くのショッピングモールにはいろいろあるし、そっちに行っちゃう人も多いんじゃないかな。

M：そうか、単に映画館だけの魅力では無理があったのか…。

女の人は映画館が閉館する理由が何だと言っていますか。

3番

男の人と女の人が話しています。女の人は、観葉植物がうまく育たない理由が何だと言っていますか。

M：ねえ、この写真見て。最近育ててる観葉植物なんだけど、葉っぱが黄色くなって、元気がなくなってきたんだ。水やりは毎日してるし、窓際に置いて、日光も

当たるようにしてるんだけど…どうしてだろう？

F：へー。植木鉢のサイズは合ってる？サイズが合ってないと、水はけが悪くなって根っこが呼吸できなくなることもあるから。

M：それはこの前植え替えたんだけど。肥料とか栄養剤あげないとだめなのかな。

F：うーん。それはどうだろう。毎日水をあげてるって、どうやってあげてるの？

M：朝、土が乾いてるのを確認してから、水をあげてる感じかな。毎日欠かさずやってるから、たぶん大丈夫だと思ってたんだけど…。

F：それ、もしかしたらやりすぎかもしれないわ。観葉植物って、種類によっては水やりがあまり必要ないことがあるのよ。特に冬場とかは、土が完全に乾くのに時間がかかるから、水をあげすぎると根っこが腐ってしまうことがあるの。

M：なるほど、毎日水をあげたら、逆に根腐れしちゃうのか…。

F：そう。それに、窓際は直射日光が強いから、ちょっと影に移してあげるといいかもしれないわね。

M：そうか。ちょっと試してみるよ。ありがとう。

女の人は、観葉植物がうまく育たない理由が何だと言っていますか。

4番

テレビ番組で料理研究家が話しています。料理研究家はスープづくりの仕上げの時にどのようなアドバイスをしていますか。

F：ご家庭で本格的なスープを作るポイントは、具材選びと下ごしらえをしっかりすることです。今回使うのは、玉ねぎとにんじん、セロリです。こういった香味野菜をじっくり炒めることで、スープのベースに深みが生まれるんです。中火で焦がさないように、軽く色づくまでしっかり炒めてくださいね。そして、次にブイヨンなどの出汁を加えるのですが、その際に、一度沸騰させた後でアクをしっかり取って、弱火で時間をかけて煮込みましょう。急に強火にすると、旨味が出にくくなりますので気をつけてください。そして、仕上げにバターや生クリームを少々加えることで、口当たりが滑らかになって、全体の味がまとまるんです。もしカロリーをおさえたかったら、ヨーグルトや豆乳にしてもいいですね。最後に好みの味になっているか、きちんと確認してくださいね。こうした一工夫で、ワンランク上のスープになりますよ。

料理研究家はスープづくりの仕上げの時にどのようなアドバイスをしていますか。

5番

環境保護セミナーで、専門家が説明をしています。専門家はエコ活動がもたらす効果は何があると言っていますか。

F：皆さん、家でできるエコ活動は、想像以上にたくさんあります。例えば、使い捨て容器を使わずに、リサイクルできる素材のものを使うことがありますね。あとは、LED電球を使うことで、単に電気代の節約になるだけでなく、年間で数十キログラムの二酸化炭素排出量削減にもつながります。それから、節水のために、シャワーの時間を短くしたり、洗面台でも水を流しっぱなしにしないなど、いろいろな工夫ができます。こうした取り組みは、個人の家庭での小さな変化ですが、立派なエコ活動といえます。このように日々の習慣を少しずつ変えるだけで、地球規模の問題に貢献できるのです。

専門家はエコ活動がもたらす効果は何があると言っていますか。

6番

男の人と女の人が話しています。男の人は電子書籍のいいところは何だと言っていますか。

M：最近、電子書籍をよく読んでるんだよ。

F：え、そうなんですね。私は紙の本の方が落ち着くので、なかなか電子書籍にしようって思えないんですけど。

M：外出先でも読書ができるのがいいんだよね。荷物が軽くなるし。それに、何冊でも持ち歩けるから、途中で違う本を読みたくなってもすぐに切り替えられるのがすごくいいんだ。

F：確かに、それは便利ですよね。でも、やっぱり紙の本って手に取った感じとか、ページをめくる感触とかが好きなんですよね。電子書籍だと、その感覚がないから、なんか物足りなく感じそうで…。

M：それはわかる。でも、僕は夜寝る前に読むことが多いんだけど、電子書籍だと寝転がって片手で読めるのがいいんだよね。紙の本だと両手で持ってないといけないから、少し疲れちゃうし。

F：なるほど。分厚い本だと重いですもんね。でも長い間スクリーン見てたら、目疲れたりしないんですか。

M：そう、そこはちょっと悩みどころではあるんだけど。電子書籍専用のリーダーで読んだら、目にも優しいって聞いたから、それちょっと試してみようかなって。

F：ええ、そこまでするほどなんですね。

男の人は電子書籍のいいところは何だと言っていますか。

文제별 듣기

例

女の人が男の人に新しくオープンしたレストランについて聞いています。

F：前言ってたレストランに行ってきたらしいじゃん。どうだったの。

M：うん、内装がすごくおしゃれで、落ち着いた雰囲気でよかったよ。料理も見た目はとても凝っていて、味も悪くなかった。なんだけど、値段にしては少し期待外れだったかな。もう少し驚きが欲しかったというか、何か特別なものがあれば、もっと良かったかも。それに、店員も少し無愛想な感じだったかな。まあでも、デートとか特別な日にはいいと思うよ。

男の人はレストランについてどのように思っていますか。

1．内装が独特だが、料理の味にがっかりした
2．料理の味は普通で、特に高くもない
3．雰囲気が暗く、料理の値段に驚いた

4. 料理の見た目が印象的で、味は平凡だ

最もよいものは4番です。解答用紙の問題3の例のところを見てください。最もよいものは4番ですから、答えはこのように書きます。では、始めます。

1番

テレビでレポーターが話しています。

F：こちらのお茶屋、清風庵では、季節の風情を楽しめるよう、この秋から「季節のお茶会」を新たに始めることにしたそうです。このお茶会では、お茶を味わいながら、茶道講師からお茶の歴史や作法を学べるとのことです。今回の秋の回では、京都の老舗和菓子屋さんから取り寄せた、秋の和菓子もお楽しみいただけます。さらに、清風庵では、季節に合わせた茶器が使われているそうです。こちらをご覧ください。紅葉を模した茶碗や、秋の草花を描いた掛け軸が飾られ、より一層、秋の深まりを感じていただける空間となっています。お茶の香りに包まれながら、ゆったりとした時間の中で四季折々の風情に触れられる会となってますので、どなたでも気軽にご参加いただけるかと思います。

レポーターは主に何について伝えていますか。

1. 新しい季節のお茶の販売開始について

2. 新しいお茶会の内容と魅力について

3. お茶のいれ方講座の募集について

4. 正しいお茶の楽しみ方について

2番

講演会で女の人が話しています。

F：レストランではマナーを守って食事する事が大事です。まず、ナイフは右手、フォークは左手に持つのが一般的です。ナイフを使って料理を切り分ける際には、全てを最初に切り分けるのではなく、一口ずつその都度切るようにしてください。また、ナイフとフォークの先端は常にお皿側に向けるようにして、ナイフの刃を他人に向けないようにしましょう。それから、まだ食事中で、少し休憩したい場合には、ナイフとフォークをクロスさせる、もしくはハの字になるように置くといいです。逆に食事が終了したことを伝えたい場合には、ナイフとフォークが平行になるように揃えて置きましょう。こういったマナーを守って、素敵なお食事の時間にしましょうね。

女の人の話のテーマは何ですか。

1. レストランでのマナー違反について

2. ナイフとフォークの使い方の種類

3. 食事中のナイフとフォークの配置の意味

4. ナイフとフォークのマナーについて

3番

ラジオで女の人が話しています。

F：皆さん、賞味期限は気にしているでしょうか。賞味期限が過ぎるとすぐに捨ててしまいがちですが、実はこれは、食品の「おいしく食べられる期限」を示すものなんです。これに対し、消費期限は食品を安全に食べられる期限を指すため、賞味期限と異なり、期限を過ぎた食品を食べることは推奨されていません。つまり、賞味期限だけが多少過ぎている食品は、問題なく食べられることが多いのです。今日は、この期限の違いを理解することで、無駄な食品ロスを減らすことにつながるということを伝えたいのです。さらには、適切な保存方法を知っているだけで、食品をより安全に、長持ちさせることができます。では、これから、こういった食品の保管方法、さらに食品ロスを減らすための工夫について一緒に考えていきたいと思います。

女の人はどのようなテーマで話していますか。

1．食品ロス削減のためのアイディア
2．賞味期限と消費期限を見て区別する方法
3．温度と食品の鮮度の関係性
4．賞味期限が過ぎた食品の管理方法

4番

講演会で農業の専門家が話をしています。

M：こちらの畜産農家では、家畜の飼料を地元産のものに切り替える取り組みが本格的に始まっています。従来、国内では主に輸入されたトウモロコシや小麦が家畜の飼料として使われていました。ですが、近年の輸入価格の急騰や供給不安を背景に、この農家では地元で生産された米ぬかや麦のふすま、大豆の殻などを使用することで、飼料を自給する試みに乗り出しています。この地元産の飼料を導入してからというもの、家畜の体調が良好であるという報告もあるそうで、健康面でのプラスの影響も注目されています。家畜の腸内環境が安定することで、肉質や乳質の向上が期待できるほか、抗生物質の使用量を減らすこともできるため、より安全で高品質な畜産物の生産が可能になるとのことです。

専門家の話のテーマは何ですか。

1．地元産家畜の消費を増やすための方法
2．地元産飼料の利用と畜産物の品質向上
3．飼料の自給化と畜産物の価格変動
4．環境にやさしい畜産業の経営方法

5番

ラジオで男の人が話しています。

M：自転車の手入れって少し面倒な感じがしますよね。でも自転車を長く乗りたいなら、これは不可欠といっても過言ではありません。そこで今日は、特に大事なチェーンのお手入れについて少しお話しします。チェーンはきちんと管理しないと汚れやすく、錆びやすい部分です。なので定期的に専用のクリーナーやブラシで汚れを落とした後、少量のチェーンオイルを塗りましょう。オイルを塗りすぎると逆に汚れが付着しやすくなるので、余分なオイルは必ず拭き取ることが大切です。理想的には、1～2ヶ月に一度のペースで、定期的に行うとよいでしょう。

男の人はどのようなテーマで話していますか。
1. 自転車の正しい乗り方
2. 自転車の適切な洗浄方法
3. 自転車の基本的なメンテナンス方法
4. 自転車用オイルの選び方

問題4　問題4では、問題用紙に何も印刷されていません。まず文を聞いてください。それから、それに対する返事を聞いて、1から3の中から、最もよいものを一つ選んでください。では、練習しましょう。

문제별 듣기

例

F：あら、この案件の処理、あの木村君が全部やってくれたの？頼りになるわね。

M：1. いえいえ、私がきっちり後始末しておきます。
　　2. やっぱり新入社員ですから、まだまだですよね。
　　3. はい、まだ新人なのに、しっかり者なんですよ。

最もよいものは3番です。解答用紙の問題4の例のところを見てください。最もよいものは3番ですから、答えはこのように書きます。では、始めます。

1番

F：冷蔵庫のドア、開けっ放しじゃない。

M：1. え、本当？僕が開けておいたはずだよ。
　　2. ごめんごめん。次から気をつけるよ。
　　3. そう？開けた方がいいと思うんだけど。

2番

F：次回のミーティングの件ですが、来週のご都合はいかがでしょうか。

M：1. あいにくですが、やり直していただけますでしょうか。
　　2. はい、水曜日の午後からですと、いつでも大丈夫でございます。

3. そうですね。来週までに何とか都合してみようと思います。

3番

F：部長、お得意先の田中専務がお見えになりましたが。

M：1. あれ？まだ約束してた時間じゃないのに、もう参ったの？
2. 悪いんだけど、会議室にお通ししてくれる？
3. はい、すぐに私もそちらにお見えになりますね。

4番

M：セットのコーラをサイダーに変えていただくことできますか。

F：1. ええ、もちろんです。サイズはいかがなさいますか。
2. はい、それではサイダーに変えていただきます。
3. 申し訳ございませんが、それはできかねません。

5番

F：その言い方はちょっと大人げないと思うなあ。

M：1. まあ、君より5歳も歳上だからね。

2. ちょっと言い過ぎたかもしれないね。
3. うるさくしすぎたかな。少し大人しくするね。

6番

M：今日午後の授業、なくなったんだってさ。

F：1. それって、いきなり授業聞かなきゃいけなくなったの？
2. ああ、もともとないって言ってたよね。
3. じゃあ、その時間で宿題を終わらせちゃおうかな。

7番

F：その小説、あなたも買ったの？言ってくれれば、私の貸したのに。

M：1. ありがとう。ちょうど借りようと思ってたんだ。
2. わかった。今度貸してあげるね。
3. そうだったんだ。今度から遠慮なく言うね。

8番

M：それだと費用がちょっとかさむんじゃない？

F：1. そうだね。もう少し安く抑える方法を考えてみようか。

2．うん、今回はできるだけ節約してみ
たの。

3．そうかしら。じゃあ、もうちょっと予
算を増やしてみるね。

9番

F：課長、今度のコマーシャルには今人気の俳
優を起用してみるのはいかがでしょうか。

M：1．確かに注目を集められそうで、いい
アイデアだな。

2．え、出演してくれるって？やった
じゃないか。

3．そっか。残念だったが、この経験は次
回以降に活かそう。

10番

M：昨日の忘年会、とても盛り上がったよね。

F：1．そうだね。みんなに久しぶりに会え
るからわくわくするわ。

2．本当に！みんな楽しそうだったし、幹
事やってくれてありがとう。

3．最近物価が上がったせいで、本当に大
変だよね。

11番

F：クリスマスは日本人の年中行事と言って
も過言ではないですよね。

M：1．祝日ではないけど、みんな意識して
ますからね。

2．年中そんな雰囲気とは限らないと思
いますよ。

3．そんなことないですよ。日本人にとっ
ては結構大事なイベントなので。

問題5　問題5では、長めの話を聞きます。
この問題には練習はありません。
問題用紙にメモをとってもかまいま
せん。

문제별 듣기

1番

問題用紙に何も印刷されていません。まず話を
聞いてください。それから、質問とせんたくし
を聞いて、1から4の中から、最もよいものを
一つ選んでください。では、始めます。

1番

ある学校で先生たちが話しています。

F：今年度もあと少しですが、皆さんのおか
げでなんとかやりきれそうです。ただ、
いくつか課題も浮き彫りになりました
ね。例えば、学年全体の生活指導がもう
少し統一感を持てたらいいと思うんです
が、どうでしょう。

M1：確かにそうですね。特に遅刻の対応に
ついてはクラスによって少し温度差が
あった気がします。同じ基準で対応す

るためのルールをもう少し具体的に決める必要があるかもしれません。

F：田中先生はいかがですか。今年、初めての担任でしたよね。

M2：そうですね。僕も初めての担任業務で、先輩方のやり方を参考にしながらやってきましたが、曖昧な部分があると、どうしても迷ってしまうことがありました。

F：そうですか。新人の先生にも分かりやすい形で、具体的な指針を作るのが良さそうですね。では、来年度に向けて、指導マニュアルの改訂を一緒に進めましょう。特に遅刻と生活態度の面でルールをしっかり策定したいですね。

M1：了解しました。それは私が一度まとめてみようと思います。もう一つ気になったのが、行事の運営です。今年の文化祭では準備期間が短かったこともあって、生徒が少し疲れていたように感じました。来年度はスケジュールの調整を少し考えた方が良いかもしれません。

M2：僕もそれを感じました。生徒の負担が減れば、もっと活発に取り組んでくれる気がします。

F：行事のスケジュールですね。確かに、今年は詰め込み気味でした。私が一度、校長先生に相談してみます。

M1：ありがとうございます。

F：では、来週の会議ではさっき話していた問題の具体的な指針作りをしましょう。

M2：私にも手伝えることがあればおっしゃってください。

M1：かしこまりました。

先生たちは来週の会議までに何をすることにしましたか。

1. 遅刻の対応方法についてクラスで話し合う
2. 生活指導の改善案を事前に整理する
3. 新人教師用のマニュアルを作成する
4. 来年度のスケジュールを調整する

2番

まず話を聞いてください。それから、二つの質問を聞いて、それぞれ問題用紙の1から4の中から、最もよいものを一つ選んでください。では、始めます。

2番

担当者が今月開催されるセミナーについて説明しています。

M1：弊社では、グローバルにビジネスを推進し、社会に活力をもたらす人材を育成することをミッションとし、毎月様々なセミナーを開催しております。今月開催されるセミナーについて、説明させていただきます。まず、セミナー①では、近年何かと話題の人工知能

と、その活かし方をご紹介します。講師がデモンストレーションを見せるだけでなく、参加者の皆様にも実際に実習をしていただき、理解を深めていただく予定です。次に、セミナー②では、現場のリーダーや管理職を対象として、人と組織を強くするリーダーシップ講座を開催します。どのようなリーダーシップを取ればいいのか、講師の先生の経験談を中心に学ぶことができます。現職でリーダーを任されている方も、そうでない方にもおすすめです。3つ目のセミナー③はマーケティングの内容を取扱います。どのような業界であれ、商品を販売するには営業が欠かせません。各業界で長年活躍された先生方をお招きし、ディスカッション形式で進める予定です。最後に、セミナー④は数字の読み取りを鍛えるセミナーです。経営において、避けて通れないと言っても過言ではないでしょう。実習をしながら、数字の読み方のコツを習得していただきます。詳しくはお配りしたパンフレットもご参考になさってください。

M2：木村さんはどのセミナーに興味がある？

F：うーん、迷っちゃうなあ。マーケティング部所属だから、今会社で任されている内容と近い内容がいいかなとも思うし。

M2：せっかくの外部セミナーなんだから、

興味が湧くものでもいいんじゃない？

F：それなら、これ。最近話題になっている技術について学んでみたい。実習ができるのもいいと思う。

M2：僕も実習しながらできるセミナーにしようかな。

F：なら、これ？

M2：ううん。もうひとつの方。ほら、僕数字に弱いから。

F：経営についても興味があるの？

M2：いや、そうじゃなくて、僕来月から管理職になるから、組織のデータについてもしっかり分析できるようになりたいんだ。リーダーシップ以前のこととしてね。

F：そっか。お互い頑張ろうね。

質問1．女の人は、どのセミナーにすると言っていますか。

質問2．男の人は、どのセミナーにすると言っていますか。

정답 및 청해 스크립트

N1

言語知識（文字・語彙・文法）・読解

あなたの名前をローマ字のかつじたいでかいてください。 please print in block letters.

名前
Name

受験番号 (Examinee Registration Number)

25A1234567 - 89123

受験番号を書いて、その下のマーク欄にマークしてください。
Fill in your examinee registration number in this box, and then mark the circle for each digit of the number.

せいねんがっぴを書いてください。
Fill in your date og Birth in the box.

せいねんがっぴ(Date of Birth)

ねん Year	つき Month	ひ Day

問題 1
	1	2	3	4
1				
2				
3				
4				
5				
6				

問題 2
	1	2	3	4
7				
8				
9				
10				
11				
12				
13				

問題 3
	1	2	3	4
14				
15				
16				
17				
18				
19				

問題 4
	1	2	3	4
20				
21				
22				
23				
24				
25				

問題 5
	1	2	3	4
26				
27				
28				
29				
30				
31				
32				
33				
34				
35				

問題 6
	1	2	3	4
36				
37				
38				
39				
40				

問題 7
	1	2	3	4
41				
42				
43				
44				

問題 8
	1	2	3	4
45				
46				
47				
48				

問題 9
	1	2	3	4
49				
50				
51				
52				
53				
54				
55				
56				

問題 10
	1	2	3	4
57				
58				
59				

問題 11
	1	2	3	4
60				
61				

問題 12
	1	2	3	4
62				
63				
64				

問題 13
	1	2	3	4
65				
66				

〈ちゅうい〉
1. くろいえんぴつ(HB、No2)でかいてください。
Use a black medium soft (HB or No.2) pencil.
(ペンやボールペンではかかないでください。)
(Do not use any kind of pen.)
2. かきなおすときは、けしゴムできれいにけしてください。
Erase any unintended marks completely.
3. きたなくしたり、おったりしないでください。
Do not soil or bend this sheet.
4. マークれい Marking Examples

よいれい Correct Example	わるいれい Incorrect Example
●	⊘ ◐ ○ ◖ ● ⊙

N1

聴解

あなたの名前をローマ字のかつじたいでかいてください。
please print in block letters.

名前
Name

問題 1

	例	1	2	3	4
例	①	②	●	④	
1	①	②	③	④	
2	①	②	③	④	
3	①	②	③	④	
4	①	②	③	④	
5	①	②	③	④	

問題 2

例	●	②	③	④
1	①	②	③	④
2	①	②	③	④
3	①	②	③	④
4	①	②	③	④
5	①	②	③	④
6	①	②	③	④

問題 3

例	①	②	③	●
1	①	②	③	④
2	①	②	③	④
3	①	②	③	④
4	①	②	③	④
5	①	②	③	④

問題 4

例	①	②	●	
1	①	②	③	
2	①	②	③	
3	①	②	③	
4	①	②	③	
5	①	②	③	
6	①	②	③	
7	①	②	③	
8	①	②	③	
9	①	②	③	
10	①	②	③	
11	①	②	③	

問題 5

1	①	②	③	④
2 (1)	①	②	③	④
(2)	①	②	③	④

N1

言語知識（文字・語彙・文法）・読解

あなたの名前をローマ字のかつじたいでかいてください。 please print in block letters.

名前
Name

受験番号
(Examinee Registration Number)

25A1234567 - 89123

せいねんがっぴ(Date of Birth)

ねん Year	つき Month	ひ Day

問 題 1

	1	2	3	4
1	①	②	③	④
2	①	②	③	④
3	①	②	③	④
4	①	②	③	④
5	①	②	③	④
6	①	②	③	④

問 題 2

	1	2	3	4
7	①	②	③	④
8	①	②	③	④
9	①	②	③	④
10	①	②	③	④
11	①	②	③	④
12	①	②	③	④
13	①	②	③	④

問 題 3

	1	2	3	4
14	①	②	③	④
15	①	②	③	④
16	①	②	③	④
17	①	②	③	④
18	①	②	③	④
19	①	②	③	④

問 題 4

	1	2	3	4
20	①	②	③	④
21	①	②	③	④
22	①	②	③	④
23	①	②	③	④
24	①	②	③	④
25	①	②	③	④

問 題 5

	1	2	3	4
26	①	②	③	④
27	①	②	③	④
28	①	②	③	④
29	①	②	③	④
30	①	②	③	④
31	①	②	③	④
32	①	②	③	④
33	①	②	③	④
34	①	②	③	④
35	①	②	③	④

問 題 6

	1	2	3	4
36	①	②	③	④
37	①	②	③	④
38	①	②	③	④
39	①	②	③	④
40	①	②	③	④

問 題 7

	1	2	3	4
41	①	②	③	④
42	①	②	③	④
43	①	②	③	④
44	①	②	③	④

問 題 8

	1	2	3	4
45	①	②	③	④
46	①	②	③	④
47	①	②	③	④
48	①	②	③	④

問 題 9

	1	2	3	4
49	①	②	③	④
50	①	②	③	④
51	①	②	③	④
52	①	②	③	④
53	①	②	③	④
54	①	②	③	④
55	①	②	③	④
56	①	②	③	④

問 題 10

	1	2	3	4
57	①	②	③	④
58	①	②	③	④
59	①	②	③	④

問 題 11

	1	2	3	4
60	①	②	③	④
61	①	②	③	④

問 題 12

	1	2	3	4
62	①	②	③	④
63	①	②	③	④
64	①	②	③	④

問 題 13

	1	2	3	4
65	①	②	③	④
66	①	②	③	④

N1

聴解

受験番号を書いて、その下のマーク欄にマークしてください。

Fill in your examinee registration number in this box, and then mark the circle for each digit of the number.

受験番号
(Examinee Registration Number)

25A1234567 - 89123

あなたの名前をローマ字のかつじたいでかいてください。　please print in block letters.

名前
Name

せいねんがっぴを書いてください。
Fill in your date og Birth in the box.

せいねんがっぴ(Date of Birth)

ねん Year	つき Month	ひ Day

問題 1

	1	2	3	4
例	①	②	●	④
1	①	②	③	④
2	①	②	③	④
3	①	②	③	④
4	①	②	③	④
5	①	②	③	④

問題 2

	1	2	3	4
例	●	②	③	④
1	①	②	③	④
2	①	②	③	④
3	①	②	③	④
4	①	②	③	④
5	①	②	③	④
6	①	②	③	④

問題 3

	1	2	3	4
例	①	②	③	●
1	①	②	③	④
2	①	②	③	④
3	①	②	③	④
4	①	②	③	④
5	①	②	③	④

問題 4

	1	2	3
例	①	●	③
1	①	②	③
2	①	②	③
3	①	②	③
4	①	②	③
5	①	②	③
6	①	②	③
7	①	②	③
8	①	②	③
9	①	②	③
10	①	②	③
11	①	②	③

問題 5

	1	2	3	4
1	①	②	③	④
2 (1)	①	②	③	④
2 (2)	①	②	③	④

N1

言語知識（文字・語彙・文法）・読解

あなたの名前をローマ字のかつじたいでかいてください。
please print in block letters.

名前
Name

受験番号 (Examinee Registration Number)

25A12345678 - 89123

せいねんがっぴを書いてください。
Fill in your date og Birth in the box.

せいねんがっぴ(Date of Birth)

ねん Year	つき Month	ひ Day

問 題 1

	①	②	③	④
1	①	②	③	④
2	①	②	③	④
3	①	②	③	④
4	①	②	③	④
5	①	②	③	④
6	①	②	③	④

問 題 2

	①	②	③	④
7	①	②	③	④
8	①	②	③	④
9	①	②	③	④
10	①	②	③	④
11	①	②	③	④
12	①	②	③	④
13	①	②	③	④

問 題 3

	①	②	③	④
14	①	②	③	④
15	①	②	③	④
16	①	②	③	④
17	①	②	③	④
18	①	②	③	④
19	①	②	③	④

問 題 4

	①	②	③	④
20	①	②	③	④
21	①	②	③	④
22	①	②	③	④
23	①	②	③	④
24	①	②	③	④
25	①	②	③	④

問 題 5

	①	②	③	④
26	①	②	③	④
27	①	②	③	④
28	①	②	③	④
29	①	②	③	④
30	①	②	③	④
31	①	②	③	④
32	①	②	③	④
33	①	②	③	④
34	①	②	③	④
35	①	②	③	④

問 題 6

	①	②	③	④
36	①	②	③	④
37	①	②	③	④
38	①	②	③	④
39	①	②	③	④
40	①	②	③	④

問 題 7

	①	②	③	④
41	①	②	③	④
42	①	②	③	④
43	①	②	③	④
44	①	②	③	④

問 題 8

	①	②	③	④
45	①	②	③	④
46	①	②	③	④
47	①	②	③	④
48	①	②	③	④

問 題 9

	①	②	③	④
49	①	②	③	④
50	①	②	③	④
51	①	②	③	④
52	①	②	③	④
53	①	②	③	④
54	①	②	③	④
55	①	②	③	④
56	①	②	③	④

問 題 10

	①	②	③	④
57	①	②	③	④
58	①	②	③	④
59	①	②	③	④

問 題 11

	①	②	③	④
60	①	②	③	④
61	①	②	③	④

問 題 12

	①	②	③	④
62	①	②	③	④
63	①	②	③	④
64	①	②	③	④

問 題 13

	①	②	③	④
65	①	②	③	④
66	①	②	③	④

N1

聴解

受験番号を書いて、その下のマーク欄にマークしてください。

Fill in your examinee registration number in this box, and then mark the circle for each digit of the number.

受験番号
(Examinee Registration Number)

25A1234567 - 89123

あなたの名前をローマ字のかつじたいでかいてください。　please print in block letters.

名前
Name

せいねんがっぴを書いてください。
Fill in your date og Birth in the box.

せいねんがっぴ(Date of Birth)

ねん Year	つき Month	ひ Day

問題 1

	1	2	3	4
例	①	②	●	④
1	①	②	③	④
2	①	②	③	④
3	①	②	③	④
4	①	②	③	④
5	①	②	③	④

問題 2

	1	2	3	4
例	●	②	③	④
1	①	②	③	④
2	①	②	③	④
3	①	②	③	④
4	①	②	③	④
5	①	②	③	④
6	①	②	③	④

問題 3

	1	2	3	4
例	①	②	●	④
1	①	②	③	④
2	①	②	③	④
3	①	②	③	④
4	①	②	③	④
5	①	②	③	④

問題 4

	1	2	3
例	①	②	●
1	①	②	③
2	①	②	③
3	①	②	③
4	①	②	③
5	①	②	③
6	①	②	③
7	①	②	③
8	①	②	③
9	①	②	③
10	①	②	③
11	①	②	③

問題 5

	1	2	3	4
1	①	②	③	④
2 (1)	①	②	③	④
(2)	①	②	③	④

MEMO

MEMO

敢えて	굳이, 감히, 억지로	さも	자못, 정말로
あたふた	허둥지둥	強いて	억지로, 굳이
あっさり	깨끗이, 산뜻하게	じっくり	차분하게, 곰곰이
案の定	역시, 예상대로	しょっちゅう	늘, 언제나
いかにも	자못, 아무리 봐도	ずばり	핵심을 정확하게 찌르는 모양
生き生き	생기 있는 모습	ずらっと	여러 개가 이어져 늘어진 모양
依然	여전히	ずるずる	질질 끄는 모양
いそいそ	부랴부랴, 허겁지겁	すんなり	순조롭게
いっそ	차라리	忽ち	갑자기, 금세
うんざり	지긋지긋	だぶだぶ	헐렁헐렁
おどおど	벌벌, 주저주저	だらだら	줄줄, 질질
かつ	동시에, 게다가	ちやほや	응석을 받아주는 모양
がっくり	맥이 풀리는 모양	ちょくちょく	가끔, 이따금
かねて	전부터, 미리	ちらっと	언뜻, 잠깐, 흘끗
きっぱり	단호하게	つくづく	곰곰이, 주의깊게
極めて	극히	てっきり	틀림없이, 의심없이
げっそり	야윈 모양	てんで	전혀, 아예, 도무지
尽く	전부, 모두	どうにか	어떻게든
ことに	특히	どうやら	아무래도
さっと	휙, 쏴, 잽싸게	とっさに	즉시, 순간적으로

どっしり	묵직한 모양, 듬직한 모양	ぶつぶつ	중얼중얼, 투덜투덜
とぼとぼ	터벅터벅	ぶるぶる	벌벌, 부들부들
取り分け	특히, 유난히	ぺらぺら	술술, 유창함
とんだ	엉뚱한	ほっと	긴장이 풀려 안심하는 모습
どんより	어둠침침한 모양, 탁한 모양	丸っきり	전혀
尚更	더욱더, 한층	無性に	몹시, 공연히
なよなよ	나긋나긋	むっと	불끈, 후덥지근
にやにや	싱글싱글, 히죽히죽	無論	물론
軒並みに	일제히, 모두	めきめき	눈에 띄게, 두드러지게, 우지직
はきはき	시원시원, 또렷또렷	めそめそ	홀짝홀짝, 훌쩍훌쩍
漠然と	막연하게	もぐもぐ	우물우물
はらはら	팔랑팔랑, 조마조마	専ら	오로지, 한결같이
びくびく	벌벌, 오들오들	もろに	정면으로, 직접, 완전히
ひしひし	사무치게, 뼈저리게	やけに	몹시, 지독히
ひそひそ	소곤소곤	やたらに	함부로, 멋대로
ひっそり	조용히, 가만히	やむを得ず	어쩔 수 없이
ひやひや	오싹오싹, 조마조마	やんわり	부드럽게, 온화하게
ひょろひょろ	비틀비틀, 호리호리	よちよち	아장아장
ひらり	훌쩍, 홱	歴然と	역연히, 또렷하게
不意に	느닷없이, 갑자기	ろくに	제대로, 충분히

● 조건을 나타내는 문형

~だけあって ~인 만큼, ~(이기) 때문에	長年シェフだっただけあって、料理の腕前が素晴らしい。 오랫동안 요리사였던 만큼, 요리 솜씨가 훌륭하다.
~ゆえに ~(이기) 때문에	急激な円安ゆえに、輸入部品のコストが増大している。 급격한 엔저 때문에, 수입 부품의 비용이 증가하고 있다.
~ではあるまいし ~도 아닐 테고	子どもではあるまいし、そんな小さなことで泣かないで。 아이도 아닐 테고, 그런 작은 일로 울지 마.
명사+次第だ ~에 달려있다	勝利できるかどうかは、チーム全員の努力次第だ。 승리할 수 있을지 어떨지, 팀 전원의 노력에 달려있다.
~に言わせれば ~가 말하기로는, ~의 의견으로는	彼に言わせれば、あの小説は芸術性が強いらしい。 그가 말하기로는, 그 소설은 예술성이 강하다는 것 같다.
~にしたら ~입장에서는	新入社員にしたら、突然の異動命令は戸惑いが大きいはずだ。 신입사원 입장에서는, 갑작스러운 이동 명령은 당황이 클 것이다.
~たが最後 한 번 ~했다 하면	あの人にお金を貸したが最後、返してもらえないだろう。 그 사람에게 한 번 돈을 빌려줬다 하면, 돌려받지 못할 것이다.
~であれ ~(이)든, ~라도	雨であれ雪であれ、明日のイベントは予定通り開催予定だ。 비가 오든 눈이 오든, 내일 이벤트는 예정대로 개최 예정이다.
~(よ)うが ~하더라도	誰が何と言おうが、私は自分のやり方を変えるつもりはない。 누가 뭐라고 하더라도, 나는 내 방식을 바꿀 생각이 없다.

• 시간, 시점과 관련된 문형

～たとたん ~하자마자	玄関のドアを開けたとたん、強い風が部屋の中に吹き込んできた。 현관 문을 열자마자, 강한 바람이 방 안으로 불어왔다.
～が早いか ~하자마자	彼は試験が終わるが早いか、教室を飛び出して友人と合流した。 그는 시험이 끝나자마자, 교실을 뛰쳐나와 친구와 합류했다.
～やいなや ~하자마자	社長は会議室に入るやいなや、厳しい表情で話し始めた。 사장님은 회의실에 들어오자마자, 엄한 표정으로 말하기 시작했다.
～なり ~하자마자	彼は電話を切るなり、すぐに荷物をまとめて家から出ていった。 그는 전화를 끊자마자, 바로 짐을 싸서 집에서 나갔다.
～を皮切りに ~을 시작으로	ソウル公演を皮切りに、人気アイドルの全国公演が始まった。 서울 공연을 시작으로, 인기 아이돌의 전국 공연이 시작됐다.
～を機に ~을 계기로	彼は結婚を機に、実家のある地方都市に引っ越すことを決めた。 그는 결혼을 계기로, 친가가 있는 지방 도시로 이사하기로 결정했다.
～を限りに ~을 끝으로	今年を限りに、長年続いてきた伝統行事が廃止されるそうだ。 올해를 끝으로, 오랫동안 이어져 온 전통행사가 폐지된다고 한다.
～かたがた ~하는 김에, ~겸해서	結婚のあいさつかたがた、久しぶりに祖父母の家を訪ねた。 결혼 인사를 하는 김에, 오랜만에 조부모님 집을 방문했다.
～かたわら ~하는 한편으로	彼は会社に勤めるかたわら、小説を書き続けている。 그는 회사에 근무하는 한편으로, 소설을 계속 쓰고 있다.
～がてら ~하는 김에, ~겸해서	友人とランチがてら、新しいカフェに行くことにした。 친구와 점심하는 김에, 새로운 카페에 가기로 했다.

꼭 알아야 할 JLPT N1 핵심 문형 40 ③

● 추측, 의지와 관련된 문형

~とばかりに ~라는 듯이	彼女には恋人がいないことを知り、ここぞとばかりに告白した。 그녀에게는 애인이 없다는 것을 알고, 이때라는 듯 고백했다.
~んばかりに ~한 듯이	早く来いと言わんばかりに、彼は改札前で大きく手を振っていた。 어서 오라는 듯이, 그는 개찰구 앞에서 크게 손을 흔들고 있었다.
~ごとき ~같은	やはり赤ちゃんは天使のごときかわいさです。 역시 아기는 천사같은 귀여움입니다.
~ごとく ~같이, ~처럼	春の陽気のごとく、彼女の笑顔は人を温かい気持ちにさせる。 봄 햇볕처럼, 그녀의 미소는 사람을 따뜻한 마음으로 만든다.
~んがため(に) ~하기 위해서	彼は試験に合格せんがため、毎日遅くまで勉強した。 그는 시험에 합격하기 위해서, 매일 늦은 시간까지 공부했다.

● 부정을 나타내는 문형

~てやまない ~해 마지않다, 간절히 ~하다	私は彼の幸せを願ってやまない。 나는 그의 행복을 간절히 바란다.
~にかたくない ~하기 어렵지 않다	この結果に対する彼の喜びは、想像にかたくない。 이 결과에 대한 그의 기쁨은, 상상하기 어렵지 않다.
~まい ~하지 않겠다	二度とこんな失敗は繰り返すまいと心に誓った。 다시는 이런 실수를 반복하지 않겠다고 마음먹었다.
~ずにはすまない ~해야 한다	この問題については、上司に報告せずにはすまないだろう。 이 문제에 대해서는, 상사에게 보고해야 할 것 같다.
~に越したことはない ~하는 것이 제일이다	健康のためには、早寝早起きに越したことはない。 건강을 위해서는, 일찍 자고 일찍 일어나는 것이 제일이다.
~を禁じえない ~을 금할 수 없다	そのドキュメンタリー映像を見て、涙を禁じえなかった。 그 다큐멘터리 영상을 보고, 눈물을 금할 수 없었다.
ただ~のみならず 단지 ~뿐만 아니라	この映画はただ面白いのみならず、メッセージ性もある。 이 영화는 단지 재미있을 뿐만 아니라, 메시지성도 있다.

• 기타 다양한 문형

〜ずくめ ~일색, 온통~	今日は良いことずくめで、気分がとてもいい。 오늘은 온통 좋은 일이라, 기분이 매우 좋다.
〜まみれ ~투성이	子供たちは泥まみれになりながら、公園で遊んでいた。 아이들은 흙투성이가 되면서, 공원에서 놀고 있었다.
〜いかんによらず ~여하에 관계없이	結果のいかんによらず、努力は評価されるべきだ。 결과의 여하에 관계없이, 노력은 평가받아야 할 것이다.
〜とあって ~라고 해서, ~이라서	人気俳優が来るとあって、会場は多くのファンで埋め尽くされていた。 인기 배우가 온다고 해서, 행사장은 수많은 팬들로 가득 차 있었다.
〜をものともせず ~에도 아랑곳하지 않고	彼は雨風をものともせず、登山を続けた。 그는 비바람에도 아랑곳하지 않고, 등산을 계속했다.
〜かねる ~하기 어렵다, ~하기 곤란하다	その件については、私の立場ではお答えしかねます。 그 일에 대해서는, 제 입장에서는 답변드리기 어렵습니다.
〜きらいがある ~하는 경향이 있다	彼は物事を大げさに考えるきらいがある。 그는 일을 과장해서 생각하는 경향이 있다.
〜極まる ~하기 짝이 없다	彼の態度は失礼極まるもので、周囲を困惑させた。 그의 태도는 무례하기 짝이 없어서, 주위를 당황하게 했다.
〜を余儀なくされる 어쩔 수 없이 ~하게 되다	事故の影響で、イベントは中止を余儀なくされた。 사고의 영향으로, 행사는 어쩔 수 없이 중지되었다.